DON BOSCO
VERLAG

Karin Schardt-Bonart

Kreisspiele

Neue und bewährte Ideen
für Kindergruppen

Don Bosco

Die Deutsche Bibliothek – CIP-Einheitsaufnahme

Ein Titeldatensatz für diese Publikation ist bei
Der Deutschen Bibliothek erhältlich.

1. Auflage 2001 / ISBN 3-7698-1305-7
© 2001 Don Bosco Verlag, München
Lektorat: Verlagsservice Anne Voorhoeve, Selters
Umschlag: Michael Brandel
Foto: Anneliese Hoppe
Zeichnungen: Margret Russer
Satz: Schröder Media, Dernbach
Produktion: Don Bosco Grafischer Betrieb, Ensdorf

Gedruckt auf umweltfreundlichem Papier

Inhalt

Kreisspiele mit Wettkampfcharakter

Vorwort

Kreisspiele – Reigenspiele – Spiellieder waren in früheren Jahren zentrale Elemente einer kindlichen Spielkultur, als die Kinder noch ganze Nachmittage in geschlecht- und altersgemischten Gruppen auf Straßen, Plätzen und in Hinterhöfen verbrachten, Eigeninitiative und Spielideen gefragt waren.

Heutzutage stellen Sozialwissenschaftler entscheidende Veränderungen im Wohnumfeld der Kinder, in den Familienstrukturen und in den Werthaltungen fest. Seit den 80er Jahren entstanden Erklärungsmodelle des „verinselten Lebensraumes" der Kinder (z. B. nach *Zeiher/Zeiher*[1]). Immer mehr Kinder mit durchgeplanter Freizeit würden von einem festen Termin zum nächsten gebracht, trainierten dabei weder ihre Fähigkeit, eigenständig Kontakte zu anderen Kindern aufzubauen, noch lernten sie ihre Wohnumgebung und die sich in ihr bietenden Spielmöglichkeiten selbstständig kennen. Konkrete Versuche und Initiativen von Eltern und Stadtplanern, Kindern verloren gegangene Spiel-Räume wiederzugeben (Stichworte Spielstraße, Verkehrsberuhigung) folgten. So sollen die Kinder aus der zunehmenden Verhäuslichung und der damit einher gehenden Notwendigkeit der Terminplanung von festen Kursen, Trainingsstunden und auch von Spielnachmittagen mit zumeist nur einem anderen Kind herausbewegt werden.

Trotz Fernsehen und Computer ist das Spielen mit anderen für die meisten Kinder die liebste Freizeitbeschäftigung. Jedoch reicht das Spielerepertoire vieler Kinder nicht mehr aus, um eigenständig Kontakt zu anderen Kindern aufzunehmen.

1 Zeiher, H. J./Zeiher, H.: Orte und Zeiten der Kinder, Weinheim 1994, S. 26 ff.

9

Dabei ist das Spielen mit anderen Kindern trotz Fernsehen und Computer noch immer die liebste Freizeitbeschäftigung. So wünschen sich nach einer Studie von *Herzberg*[2] vier von fünf Kindern mehr Spielgefährten!

Das Spiele-Repertoire der Kinder ist jedoch aufgrund der veränderten Freizeitgestaltung, besonders eben durch die gestiegene Bedeutung von Fernsehen und Computer im Alltag der Kinder, seit Jahren rückläufig. Dieses Buch möchte daher einen Beitrag dazu leisten, dass Sie als Eltern, Erzieher/innen, Lehrer/innen und Übungsleiter/innen den Kindern durch gemeinsames (Wieder-)Entdecken von Kreisspielen neue Spielideen vermitteln können und so dazu beitragen, dass Kinder auch außerhalb des organisierten Sports oder Erziehungsbereiches spontan zusammen mit anderen Kindern spielen können.

Die vorgestellten Spiele können Kinder zu einer Gemeinschaft führen und das Gruppengefühl stärken. Sie können auch außerhalb des organisierten Bereichs spontan von Kindern miteinander gespielt werden.

Alle in diesem Buch vorgestellten Kreisspiele sollen die Kinder zu einer Gemeinschaft führen, das Gruppengefühl stärken und das soziale Lernen anregen. Es sind zum einen Kooperative Spiele, bei denen es darum geht, zusammen mit den Mitspielern eine Herausforderung zu bestehen, eine Aufgabe gemeinsam zu lösen oder ganz einfach Spaß zu haben. Zum anderen sind es Spiele mit Wettkampfcharakter, die noch einmal einen besonderen Anreiz für die Kinder darstellen. Allerdings wird in den hier vorgestellten Wettkampfspielen nie mit dem Ausscheiden von Kindern aus dem Spielgeschehen gespielt. Alle Kinder bleiben immer im Spiel, tauschen aber möglicherweise bestimmte Spielrollen.

Jedem Spiel sind praktische Hinweise auf Altersgruppe, empfohlene Teilnehmerzahl, benötigte Materialien und Geräte sowie

---

2 Herzberg, I.: Kinderfreundschaften und Spielkontakte, in: Deutsches Jugendinstitut (Hrsg.): Was tun Kinder am Nachmittag?, München 1992, S. 75–126

Art und Einsatzmöglichkeit des Spiels vorangestellt. Ebenso finden sich zahlreiche Tipps für ein gutes Gelingen des Spiels sowie viele Spielvarianten, die – ausgehend vom Ursprungsspiel – mit neuen Geräten oder kleinen Regeländerungen Abwechslung in das Spielgeschehen bringen.

Bei vielen Spielen kommt Musik zum Einsatz. Dabei ist der eigene Gesang der Kinder und des Spielleiters/der Spielleiterin bei den Singspielen und Spieltänzen ganz wichtig. Andere Spiele wiederum brauchen die Musik als Bewegungsanregung bzw. deren Verstummen als Kennzeichen für eine neue Spielsituation. Hier ist ein auf der Blockflöte oder der Gitarre selbst gespieltes oder ein auf der Schellentrommel begleitetes Lied der Musik vom Kassettenrekorder vorzuziehen.

Zahlreiche Singspiele sind mit den jeweiligen Noten, Texten und Bewegungsvorschlägen abgedruckt. Neue Spielformen und neue Strophen können natürlich immer dazu erfunden werden. Ideen der Kinder sollten Sie dabei unbedingt aufgreifen. Wechselnde Tempi, Bewegungsformen und Tanzformen, bei denen sich die Kinder alleine, als Paare oder in der Gruppe bewegen, gestalten die Sing- und Tanzspiele abwechslungsreich. Aufgrund der manchmal etwas altertümlich anmutenden Wortwahl mancher traditioneller Kinderlieder kann es sinnvoll sein, Wörter oder auch Handlungszusammenhänge des Liedes zu erklären.

Manche Spiele, Lieder oder Sprechreime werden den erwachsenen Leser(inne)n – vielleicht sogar aus der Großeltern-Generation – bekannt sein. Begleiten Sie die Einführung in dieses Spiel mit einer Erzählung aus Ihrer eigenen Kindheit: Wo und wann haben Sie dieses Spiel gespielt, dieses Lied gesungen? Was hat Ihnen besonderen Spaß gemacht? Gab es beim Spielen vielleicht sogar ungewöhnliche Ereignisse, an die Sie sich erinnern? Welche

Musik und Gesang, Tanz und Bewegung kommen beim Spielen auf unterschiedlichste Weise zum Einsatz.

Zu allen Singspielen können neue Strophen und Spielformen selbst erfunden werden. Ideen der Kinder unbedingt aufgreifen!

Rituale und Feste aus Ihrer Kindheit sind mit einem Lied verbunden? All das interessiert die Kinder und macht sie stolz, einen Teil Ihrer Vergangenheit als neue Mitspieler wieder zu beleben.

Die Besonderheit der Kreisspiele

Es gibt viele verschiedene Arten von Spielen, die Kindern Spaß machen. Das Spielen im Kreis bereitet natürlich Freude. Darüber hinaus vermögen die hier vorgestellten Kreisspiele, die Kinder auf ganz besondere Art anzusprechen und zu fördern.

Kreisspiele stärken das Gefühl der Zusammengehörigkeit.

Der Kreis ist eines der ältesten Symbole der Menschheit und steht für die Aufhebung aller Gegensätze, die Unendlichkeit ohne Anfang und Ende und auch für die Gleichheit. In diesem Sinne schließt der durch die Handfassung geschlossene Kreis die Kinder im Spiel zu einer Gemeinschaft zusammen, die sich deutlich von der Außenwelt abtrennt. Das Zusammengehörigkeitsgefühl der Kindergruppe wird durch diese Handlung entwickelt und gestärkt. Sie stellen jetzt eine aus mehreren Gliedern bestehende Ganzheit dar. Keiner bildet den Anfang oder das Ende, die Position jedes Einzelnen ist gleich weit von der Mitte entfernt. Jeder bezieht sich in seinen Handlungen und Aktionen auf alle anderen, denn in der Kreisaufstellung kann auch jeder jeden sehen. So haben alle Bewegungsvorschläge bei einem Spiellied die gleiche Aufmerksamkeit der Mitspieler. Weil sie sich gegenseitig jederzeit beobachten können, beansprucht das Spielen von Kreisspielen alle Kinder gleichzeitig: Aktive Bewegungsphasen und aktive Beobachtungsphasen wechseln einander ab. Zu keiner Zeit ist ein Kind abseits gestellt und aus dem Spielgeschehen ausgeschlossen. Diese wichtige soziale Komponente wird noch verstärkt durch die Möglichkeit der besonderen Hervorhebung eines einzelnen Kindes durch eine Position in der Kreismitte. An der Spitze einer Kette zu laufen, ohne die folgenden Kinder zu sehen, ist bei weitem nicht so spannend für Kinder, wie in der Kreismitte zum tatsächlichen Mittelpunkt der Gruppe zu werden.

Kreisspiele sind bezüglich der Anzahl der Mitspieler zumeist sehr flexibel. Es gibt entweder keine oder leicht austauschbare Spielerpositionen. Kreisspiele benötigen wenige oder gar keine Spielmaterialien und sind an keinen bestimmten Spielort gebunden. Die Spielregeln sind leicht erlernbar und verständlich. Deshalb eignen sich Kreisspiele auch sehr gut für spontan zusammentreffende Kindergruppen. Ohne große Vorbereitung, einfach eingestreut in den alltäglichen Ablauf in Kindergarten oder Schule, führen sie die Kinder zusammen und geben je nach Auswahl Gelegenheit zum Austoben oder zur Sammlung und Konzentration.

Anders als Spiele in freier Aufstellung auf einem Spielfeld ermöglicht die Aufstellung in der Kreisform allen Kindern, den Spielablauf und damit die (Nicht-)Einhaltung von Spielregeln jederzeit im Blick zu haben. So schaffen Kreisspiele auch Lernsituationen: Regeln und Spielabläufe können modifiziert werden, um einer besonderen Spielsituation, den gegebenen Möglichkeiten (vorhandenes Spielmaterial), der beteiligten Spielerzahl und auch dem Alter und Können der Mitspieler gerecht zu werden. Die Kinder lernen dabei, dass Spielregeln notwendig sind, um ein Spiel in Gang zu halten und eine Spielidee zu unterstützen, jedoch verändert werden müssen, wenn sie diese Zwecke nicht (mehr) erfüllen. Auch der/die Spielleiter/in hat den Spielablauf gut im Blick und vermag regulierend einzugreifen.

Die räumliche Aufstellungsform und die häufig wiederkehrenden gleichartigen Bewegungsanforderungen integrieren auch leistungsschwächere Kinder, die hier ganz in das Gruppengeschehen

Kreisspiele sind flexibel, benötigen wenig oder kein Spielmaterial und eignen sich besonders gut für spontanes Spielen.

Kreisspiele integrieren alle Kinder in gleicher Weise.

eintauchen können. Für leistungsstarke Kinder stellt die Einbindung in ein Kreisspiel die Möglichkeit dar, die oft übersteigerten Leistungserwartungen an sich selbst einmal hintan zu stellen.

Die Kinder können in Kreisspielen Gemeinschaft auch unmittelbar körperlich erleben: Fliehkräfte, die beim Laufen im Kreis auftreten, oder die Kraft, die an den Armen zieht, wenn ein kleiner Kreis immer größer wird, sind für ein Kind alleine nicht erlebbar und erst in der Gemeinschaft im Kreis zu spüren. Auch das Bilden eines Kreises ist immer eine gemeinsame Aktion, die kein Einzelner bewerkstelligen oder vormachen kann. Die Auflösung des Kreises wechselt sich mit dem Wiederfinden im Kreis ab. Dieser Prozess stärkt bei den Kindern das Verständnis für die Kreisform und ihren symbolischen Gehalt des „Gemeinsamen".

Kreisspiele sind Bewegungsspiele und fördern motorische und sensomotorische Fertigkeiten.

Viele Kreisspiele gestatten es, offene Bewegungssituationen (z. B. die Darstellung von Tieren) mit angeleiteten abzuwechseln und so die Kreativität und Vorstellungskraft der Kinder, aber eben auch eine gezielte Erweiterung des kindlichen Bewegungsrepertoires zu erreichen. So fördern Kreisspiele als Bewegungsspiele die motorischen und sensomotorischen Fertigkeiten der Mitspieler.

Die Nähe von Bewegung und Sprache in Lernsituationen wird in Singspielen oder Sprechreimen hergestellt und dabei in einer intensiven Rhythmikschulung genutzt. In besonderer Weise bietet das rhythmische Sprechen oder Singen im Zusammenhang mit dem darstellenden Spiel die Möglichkeit körperlichen und seelischen Erlebens in einer Spielgemeinschaft. Denn Musik und Singen erwecken fast immer eine innere Reaktion bei den Kindern, die es ihnen ermöglicht, sich voll auf das Spielgeschehen einzulassen und dadurch auch eventuell vorhandene Spannungen und Hemmungen abzubauen.

Kooperative Kreisspiele

1. Magnetspiel im Kreis

Alle Mitspieler laufen im Kreis, ohne sich an den Händen zu fassen. Auf Zuruf eines Körperteils wird dieses von jedem Kind in Richtung Kreismitte gehalten. Alle genannten Körperteile ziehen sich sogleich wie Magneten an. Gespielt werden kann mit den Händen, den Füßen, den Ellbogen, dem Bauch, dem Po, dem Rücken ... Zur akustischen Verstärkung der magnetischen Anziehung rufen alle Kinder: „Klack!"

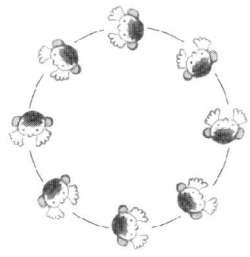

Spiel zum Austoben
Flankenkreis
Ab 5 Jahre

Spieltipps:

- *Wegen der Verletzungsgefahr den Kopf bei diesem Spiel nicht nennen.*
- *Die verschiedenen Körperteile bedingen einen unterschiedlich starken Körperkontakt zwischen den Mitspielern. Während die Hände oder Füße in den meisten Fällen unproblematisch sind, muss der/die Spielleiter/in bei der Nennung anderer Körperteile sensibel für die jeweilige Gruppensituation sein.*

2. Die Eisenbahn

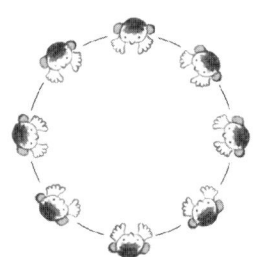

Husch, husch, husch, die Ei - sen - bahn!

Wer will mit nach Köl - le fahr'n?

Al - lei - ne fah - ren mag ich nicht,

da nehm ich mir die/den ... ... mit.

Singspiel
zum Austoben
Innenstirnkreis
Ab 3 Jahre

Die Kinder fassen sich an den Händen und gehen im Kreis. Ein Kind läuft um diesen Kreis herum. Es sucht sich ein anderes Kind aus und beide laufen oder gehen zusammen weiter, wobei das hintere dem vorderen Kind die Hände auf die Schultern legt, sie auf diese Weise also einen Zug bilden.

Spieltipp:

● *Nachdem jeweils vier oder fünf Kinder „mit im Zug sitzen", sollte man das Spiel mit einem anderen „Lokführer" immer wieder neu beginnen. Dabei kann natürlich jeder Lokführer selbst sein Ziel festlegen, was dann von allen besungen wird.*

3. Luftballon aufpusten

Die Kinder fassen sich an den Händen und stehen ganz dicht beisammen. Sie stellen miteinander einen Luftballon dar, der langsam aufgeblasen und somit größer und größer wird. Dabei gehen die Kinder mit lauten Pustegeräuschen langsam so weit rückwärts, wie es die Handfassung gerade noch zulässt. Noch einmal pusten und der Ballon platzt: Die Kinder lassen sich los und fallen um. Statt den Ballon platzen zu lassen, kann man auch „die Luft wieder rauslassen": Mit einem lauten „Uiiih" laufen die Kinder dann schnell wieder in der Kreismitte zusammen.

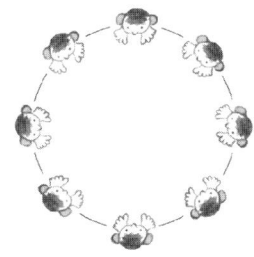

Fantasieanregendes Spiel
Innenstirnkreis
Ab 3 Jahre

4. Schreispiel

Alle fassen sich an den Händen, bewegen sich langsam zur Kreismitte und schreien dabei nach Herzenslust. Beim Rückwärtsgehen in die Ausgangsstellung probieren dagegen alle, ganz still zu sein.

Spielvarianten:

- Beim Zusammenkommen leise anfangen und immer lauter werden, beim Zurückgehen umgekehrt.
- Verschiedene Vokale schreien: „Aaa, Uuu, Iii, Eee, Ooo, Äää, Ööö, Üüü", auch mit „Rollenverteilung" in verschiedenen Gruppen.

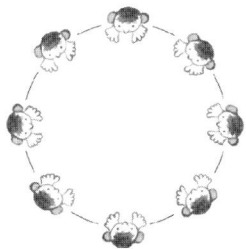

Spiel zum Austoben
Innenstirnkreis
Ab 3 Jahre

5. Das Taubenhaus

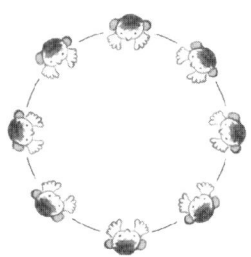

Singspiel
zum Austoben
Innenstirnkreis bzw.
freie Aufstellung
Ab 3 Jahre

1. Wir öff - nen jetzt das Tau - ben -
haus. Die Täub - chen, sie flie - gen
froh hi - naus. Sie flie - gen
ü - ber das wei - te Feld, wo
es un - sern Täub - chen sehr gut ge -
fällt. Und keh - ren sie heim zur
gu - ten Ruh, dann ma - chen wir
wie - der das Tau - ben - haus zu.

Wir öffnen jetzt das Taubenhaus.	*Mitspielende Erwachsene oder größere Kinder bilden einen engen Innenstirnkreis und strecken ihre Arme als „Dach" zur Kreismitte. Darunter hocken die kleineren Kinder als Täubchen.*
Die Täubchen, sie fliegen froh hinaus.	*Die Mitspieler, die das Dach bilden, gehen ein paar Schritte zurück. Durch die Lücken laufen die Kleinen aus dem Kreis heraus und flattern dabei mit den Armen.*
Sie fliegen über das weite Feld, wo es unsern Täubchen sehr gut gefällt. Und kehren sie heim zur guten Ruh, dann machen wir wieder das Taubenhaus zu.	*Alle Täubchen kehren zurück in den Kreis, und alle stehen wieder wie am Liedanfang. Auf die Aufforderung: „Und was sagen die Täubchen?", gurren die Kinder.*

Spieltipp:

- *Möglichst viele Ideen der Kinder aufnehmen.*

Spielvarianten:

- Wir öffnen jetzt das Pferdehaus (traben), das Elefantenhaus (trampeln), das Schneckenhaus (kriechen), das Hasenhaus (hoppeln), das Kinderhaus (rennen) ...

6. Teddybär

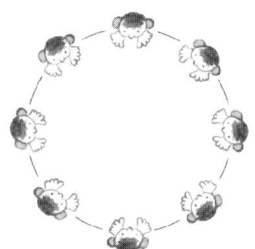

1. Ted - dy - bär, Ted - dy - bär   dreh dich um.
Ted - dy - bär, Ted - dy - bär,   mach dich krumm.

Ted - dy - bär, Ted - dy - bär,   heb dein Bein.

Ted - dy - bär, Ted - dy - bär,   das ist fein.

Darstellendes
Singspiel
Innenstirnkreis
Ab 3 Jahre

1. Strophe:

Teddybär, Teddybär,
dreh dich um.

Auf der Stelle drehen

Teddybär, Teddybar,
mach dich krumm.

Bücken

Teddybär, Teddybär,
heb dein Bein.

*Erst ein Bein und dann das
andere Bein heben*

Teddybär, Teddybär,
das ist fein.

*Im Takt hochspringen und dabei
in die Hände klatschen*

2. Strophe:

Teddybär, Teddybär,
stark und groß,

*Aufrecht und selbstbewusst mit
leicht gebeugten Beinen und
Armen stehen*

20

Teddybär, Teddybär, geh jetzt los.	*Gleichzeitig den rechten Arm und das rechte Bein anheben und einen Schritt nach vorne machen – dasselbe links*
Teddybär, Teddybär, wieg dich so,	*Die Handflächen von der Hüfte her Richtung Boden schieben, erst rechts, dann links*
Teddybär, Teddybär, das macht froh.	*Im Takt hochspringen und dabei in die Hände klatschen*

7. Blinde Kuh

Die Kinder fassen sich an den Händen. Zwei Kinder stehen in der Kreismitte. Dem einen sind als „Blinde Kuh" die Augen verbunden, und es versucht, das zweite Kind aufzuspüren. Dabei sollen alle Kinder ganz leise sein.

Spieltipp:

- *Hat die „Blinde Kuh" nach einer Weile keinen Erfolg, kann der/die Spielleiter/in das verfolgte Kind in der Kreismitte auffordern, sich nicht mehr von der Stelle zu bewegen.*
- *Wenn viele Kinder mitspielen, können auch mehrere Kinder als Verfolgte im Kreis stehen.*

Spielvariante:

- Ältere Kinder fassen sich nicht mehr an den Händen, sodass die „Blinde Kuh" zur Gaudi der anderen auch außerhalb des Kreises gelangen kann.

Spiel zur
Sinnesschulung
Innenstirnkreis
Ab 4 Jahre

8. Schnick, schnack, Dudelsack

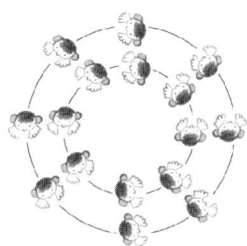

Tanzspiel
Flankenkreis mit
Paaraufstellung
Ab 6 Jahre

1. Schnick, schnack, Du - del - sack,
2. Spielt der Brumm - bass brumm,

un - ser Kind will tan - zen.
drehn wir uns im Kreis rum,

Spielt mir ei - nen schö - nen Tanz:
dass die Röck - chen flie - gen, hei.

Änn - chen, Gret - chen, Fritz und Franz
Spielt die Fie - del dum - die - dei,

wol - len lus - tig 1. tan - zen, 2. eins, zwei, drei,
geht es lus - tig

bis im Gras wir lie - gen.

Schnick, schnack, Dudelsack,
unser Kind will tanzen.

*Paarweise an den Händen fassen
und im Kreis herum hüpfen*

Spielt mir einen schönen Tanz:
Ännchen, Gretchen, ...

Andersherum hüpfen

| ... Fritz und Franz wollen lustig tanzen, | *Gegenüber stehen bleiben und sich gegenseitig im Takt auf die Hände klatschen* |
| bis im Gras wir liegen. | *Alle lassen sich auf den Boden fallen.* |

Spieltipps:

- *Damit die Kinder alle verstehen, was sie singen, sollte man vorher mit ihnen besprechen, was ein Dudelsack, ein „Brummbass" und eine Fiedel ist.*
- *Die Namen der besungenen Kinder weisen auf eine heute längst erwachsene Kinder-Generation hin. Auch für die Kinder ist offensichtlich, dass dieses Singspiel schon von den heutigen Großeltern gespielt wurde. Dies kann man zu einem Gesprächsthema machen, wenn die Kinder Interesse zeigen.*

9. Ball im Netz

Wir brauchen einen großen Soft- oder Wasserball im Netz und eine Aufhängevorrichtung. Das Netz, in dem sich der Ball befindet, wird in der Turnhalle an den Schaukelringen oder im Freien an einem Ast befestigt.

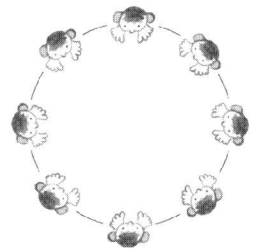

Das Spiel eignet sich für maximal 10 Teilnehmer. Die Kinder schlagen, stupsen und werfen den aufgehängten Ball im Kreis hin und her oder gezielt zu einem Mitspieler im Kreis. Dabei sollte man öfter das Tempo variieren.

Spiel zum Austoben
Innenstirnkreis
Ab 3 Jahre

23

10. Die Täubchen

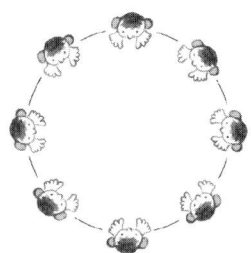

Ruhiges Singspiel
Innenstirnkreis
Ab 3 Jahre

Es sa - ßen zwei Täub - chen auf ei - nem

Dach. Das ei - ne flog weg,

das and - re flog weg. Das ei - ne

kam wie - der, das and - re kam wie - der.

Nun sa - ßen sie al - le bei - de da.

Es saßen zwei Täubchen auf einem Dach.	*Mit den Händen vor dem Körper ein Dach bilden*
Das eine flog weg,	*Mit dem rechten Arm nach hinten kreisen*
das andere flog weg.	*Mit dem linken Arm nach hinten kreisen*
Das eine kam wieder,	*Mit dem rechten Arm wieder nach vorne kreisen*
das andere kam wieder.	*Mit dem linken Arm wieder nach vorne kreisen, ein Dach bilden*
Nun saßen sie alle beide da.	*Alle hocken sich hin.*

11. Nimm mich mit

Zwei Drittel der Kinder stehen in den zu einem Kreis ausgelegten Reifen („Häuser"). Die übrigen Kinder („Taxis") laufen um den Kreis herum, nehmen jeweils ein Kind aus einem Reifen bei der Hand und laufen mit ihm zusammen eine ganze Runde. Wieder „zu Hause" angekommen, wechseln nun der Taxifahrer und der Mitfahrer die Rollen. Die neuen Taxifahrer suchen sich neue Passagiere.

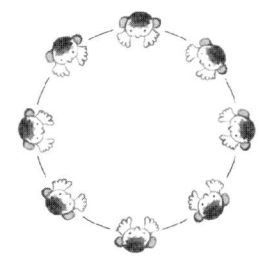

Spiel zum Austoben
Innenstirnkreis
Ab 4 Jahre

Spieltipp:

● *Bei kleinen Kinder zur Einführung des Spiels zunächst nur mit einem Taxifahrer spielen, denn das Auffinden des richtigen Reifens wird mit zunehmender Anzahl der Taxifahrer und Mitfahrer immer schwieriger.*

Spielvarianten:

● In einem Taxi können zwei Kinder mitfahren. Der letzte Passagier wird der neue Taxifahrer.
● Andere Fortbewegungsmittel holen die Anhalter ab: Flugzeuge, Kutschen, Rennautos usw.
● Es gibt auch Taxis für Tiere: Im Kreis herum hüpfen, auf allen Vieren gehen, krabbeln, kriechen ...

12. Hampelmann I

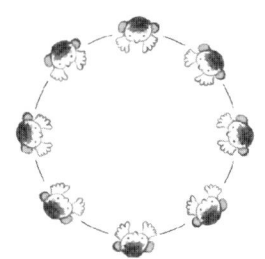

Darstellendes
Singspiel
Innenstirnkreis
Ab 3 Jahre

1. Ich bin ein klei - ner Ham - pel - mann, der

Arm und Bein be - we - gen kann, mal links, mal

rechts, mal auf, mal ab und

auch mal klipp und klapp.

1. Strophe:

Ich bin ein kleiner Hampelmann,	*Mit gegrätschten Beinen stehen und die Hände in die Seite stützen*
der Arm und Bein bewegen kann, mal links, mmh, mmh,	*Zur linken Seite zwei Mal in die Hände klatschen*
mal rechts, mmh, mmh, mal auf, mmh, mmh,	*Zur rechten Seite, dann über dem Kopf jeweils zwei Mal klatschen*
mal ab, und auch mal klipp und klapp.	*In die Hocke gehen und zwei Mal klatschen, dann „Hampelmänner" springen.*

2. Strophe:

Man hängt mich oben an die Wand	*Ganz langsam in die Höhe strecken*

und zieht an einem langen Band.	*Langsam in die Hocke gehen, imaginäre Schnur nach unten ziehen*
Mal links ...	*Wie oben*

3. Strophe

Ich bin in meinem Kopf ganz doll,	*Hände an den Kopf legen und schütteln*
weil ich nur immer hampeln soll.	*Hampelmänner springen*
Mal links ...	*Wie oben*

13. Blinder Wächter

Das Spiel eignet sich für maximal 10 Teilnehmer. Ein Kind sitzt mit verbundenen Augen neben dem Schatz in der Kreismitte. Der Schatz kann z. B. eine schöne Murmel oder ein besonderer Stein sein. Ein anderes Kind schleicht sich an, versucht den Schatz zu stehlen und wieder auf seinen Platz zurückzugelangen, ohne dass es dabei vom blinden Wächter berührt wird, der genau hinhorcht, aber seinen Platz nicht verlassen darf. Wer den Schatz erfolgreich an sich genommen hat, darf als Nächster den blinden Wächter spielen.

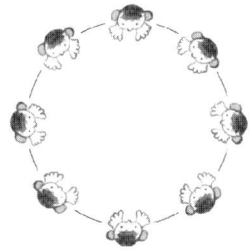

Ruhiges Spiel zur Sammlung
Innenstirnkreis
Ab 4 Jahre

Spielvariante:

- Das schleichende Kind darf sich nur in Bauch- oder Rückenlage oder auf den Knien krabbelnd vorwärts bewegen.

27

14. Zirkusspiel

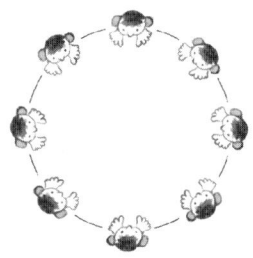

Zunächst werden Reifen – einer für jedes Kind – zu einem Kreis ausgelegt. Ein Reifen wird in der Kreismitte platziert. Die Kinder laufen zu einer Musik um den Kreis herum. Beim Musikstopp springt jedes Kind schnell in einen Reifen. Das Kind, das sich den Reifen in der Kreismitte ausgesucht hat, ist der Zirkusdirektor und lässt die anderen Kinder nach seiner Idee z. B. als Löwen durch Feuerreifen springen, als Pferde auf den Hinterbeinen stehen, als Clowns mit unsichtbaren Bällen jonglieren usw.

Fantasieanregendes
Spiel
Innenstirnkreis
Ab 4 Jahre

Spieltipp:

● *Den Kindern vor jedem Spieldurchgang etwas Zeit lassen, nach einer Idee für eine Zirkus-Aufgabe zu suchen.*

15. Maschine

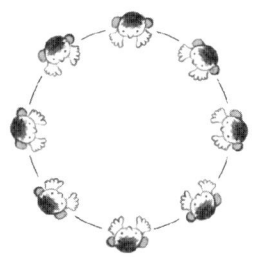

Das Spiel eignet sich für maximal 12 Teilnehmer. Ein Kind im Kreis beginnt mit einer rhythmischen Bewegung. Seine Nachbarn rechts und links denken sich eine neue Bewegung dazu aus und berühren das taktgebende Kind. Nun sind die neuen Nachbarn an der Reihe und ergänzen die Maschine, bis alle Mitspieler gemeinsam – im Takt, aber mit unterschiedlichen Bewegungen – eine große Maschine darstellen.

Spiel zur
Rhythmikschulung
Innenstirnkreis
Ab 6 Jahre

Spieltipp:

● *Zunächst verschiedene Bewegungen ausprobieren, die man dauerhaft rhythmisch ausführen kann. Dabei können auch verschiedene Körperhaltungen eingenommen werden.*

16. Krokodilspiel

Die Kinder stellen die bei einem Sturm ins Wasser gefallene Schiffsbesatzung dar und fassen ihre Nachbarn an den Händen. Ein Mitspieler oder der/die Spielleiter/in versucht nun als Krokodil, einzelne Kinder an den Füßen aus dem Kreis herauszuziehen. Eine durch ein herausgezogenes Kind entstandene Lücke muss immer wieder schnell von den Kindern im Kreis geschlossen werden. Aus dem Kreis gezogene Kinder verwandeln sich in Krokodile.

Spiel zum Austoben
Innenstirnkreis
in Bauchlage
Ab 4 Jahre

17. Farben greifen

Das Spiel eignet sich für 6–8 Teilnehmer. Die Kinder stehen ganz eng zusammen. Nach der Aufforderung des Spielleiters/der Spielleiterin greifen sie an der eigenen Kleidung, der Kleidung eines Mitspielers oder auch auf dem Boden z. B. zuerst mit der rechten Hand etwas Rotes, dann mit der linken etwas Weißes und berühren eventuell mit dem linken Fuß noch etwas Schwarzes. Das entstandene „Kuddelmuddel" soll einige Sekunden gehalten werden. Dann sucht jeder im Kreis einen neuen Platz für den nächsten Spieldurchgang.

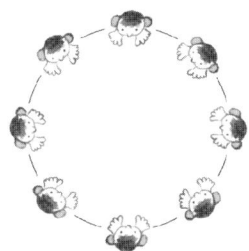

Spiel zur Sinnes-
schulung
Innenstirnkreis
Ab 6 Jahre

Spieltipp:

● *Manche Kinder lassen sich nicht gerne von anderen Kindern anfassen. Sie können behutsam durch entsprechende Partnerübungen an das Spiel herangeführt werden.*

18. Mairegen

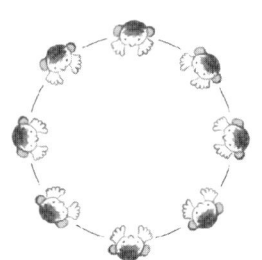

Ruhiges Singspiel
Innenstirnkreis
Ab 5 Jahre

Vorspiel:

1. Es reg - net, es reg - net, die Er - de wird nass.
   blü - hen die Blu - men, und grün wird das Gras.

Mai - re - gen bringt Se - gen. He - raus aus dem Haus! Steig schnell in die Kut - sche, gleich fah - ren wir aus.

Es regnet, es regnet, die Erde wird nass.	*Arme hochheben und langsam absenken, dabei die Finger auf und ab bewegen*
Bunt blühen die Blumen, und grün wird das Gras.	*Arme zur Seite ausbreiten und sich auf der Stelle drehen*
Mairegen bringt Segen. Heraus aus dem Haus!	*In die Hände klatschen*
Steig schnell in die Kutsche, gleich fahren wir aus.	*An den Händen fassen und im Kreis laufen*

2. Strophe:

Es regnet, es regnet,
die Erde wird nass.

Wie oben

Wir sitzen im Trocknen,
was schadet uns das?

*Hinhocken und die Arme als Dach
über den Kopf halten*

Mairegen bringt Segen ...

Wie oben

19. Wetterkind

Ein Kind in der Kreismitte spielt, nachdem es sich mehrfach im Kreis gedreht hat, das „Wetterkind": Es zeigt mit bestimmten, vorher ausgemachten Bewegungen das Wetter an. So kann man z. B. Sonnenschein durch das Malen einer großen Sonne mit den Armen beschreiben, Regen durch das Auf- und Abbewegen der Arme mit zappelnden Fingern, Gewitter durch Aufstampfen mit dem Fuß oder Nebel durch das Verdecken der Augen mit den Händen. Die Mitspieler sollen sich nun schnell auf das so angekündigte Wetter einstellen und eine entsprechende Aktivität zeigen, z. B. bei „Sonnenschein" Schwimmbewegungen machen oder bei „Regen" in imaginäre Pfützen springen.

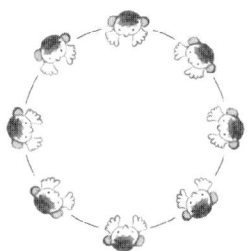

Fantasieanregendes Spiel
Innenstirnkreis
Ab 6 Jahre

Spieltipp:

● *Bei jüngeren Kindern zunächst nur mit zwei Wettervarianten beginnen und erst nach und nach weitere einführen.*

20. In dem Walde steht ein Haus

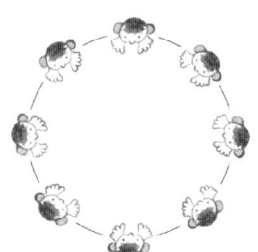

Darstellendes
Singspiel
Innenstirnkreis
Ab 4 Jahre

In dem Wal - de steht ein Haus.

Schaut ein Reh zum Fens-ter raus.

Kommt ein Häs - chen an - ge - rannt.

Klop - fet an die Wand: „Hil - fe, Hil - fe,

hilf mir doch, sonst schießt mich der

Jä - ger tot." „Ar - mes Häs - chen,

komm he - rein. Reich mir dei - ne Hand."

In dem Walde steht ein Haus.

Mit beiden Armen ein Dach über dem Kopf bilden

Schaut ein Reh zum Fenster raus.

Mit den Fingern eine Brille vor den Augen formen

Kommt ein Häschen angerannt.

Auf der Stelle laufen

Klopfet an die Wand.	*Mit der Faust gegen eine imaginäre Tür klopfen*
„Hilfe, Hilfe, hilf mir doch,	*Beide Arme nach oben recken*
sonst schießt mich der Jäger tot."	*Auf ein Bein hinknien und pantomimisch ein Gewehr anlegen*
„Armes Häschen, komm herein.	*Wieder aufstehen und mit der Hand hereinwinken*
Reich mir deine Hand."	*Den Nachbarn im Kreis die Hand schütteln*

21. Reifen durchsteigen

Für dieses Spiel benötigen wir einen Reifen für jeweils ca. 6 Kinder. Alle Kinder fassen sich an den Händen. Ein Reifen hängt um den Arm eines Kindes. Dieses versucht nun, ohne Loslassen seiner Nachbarn durch den Reifen zu steigen. Der eingefädelte Reifen bewegt sich so im Kreis, und nach und nach haben alle Kinder den Reifen durchstiegen.

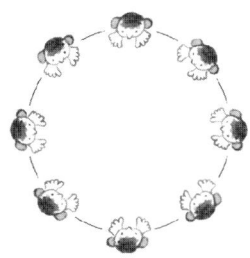

Spielvariante:

● Das Spiel eignet sich bei älteren Kindern auch sehr gut als Wettspiel zwischen zwei Kreisen, etwa mit der Aufforderung: „Welcher Reifen hat als erster drei Runden zurückgelegt?"

Geschicklichkeitsspiel
Innenstirnkreis
Ab 4 Jahre

33

22. Siebenschritt

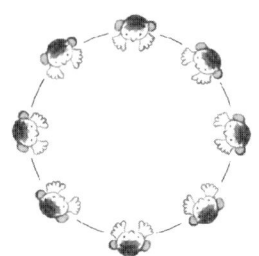

Tanzspiel
Innenstirnkreis
Ab 6 Jahre

Eins, zwei, drei, vier,
fünf, sechs und sieben,

Sieben Schritte in Richtung Kreismitte gehen

wo ist denn mein Schatz
geblieben?

Sieben Schritte rückwärts gehen

Ist nicht hier!

Nach links trippeln und sich dabei suchend umschauen

Ist nicht da!

Dasselbe nach rechts

Ist wohl in Amerika.

Zusammenkommen, sich die Hände reichen und im Kreis herum hüpfen

Spieltipps:

* *Mehrmals hintereinander mit wechselnden Kreisnachbarn spielen.*

● *Dieses Lied stammt wahrscheinlich aus einer Zeit, als viele Leute aus Deutschland nach Amerika auswanderten. Dieses Thema interessiert viele Kinder brennend. Wenn der/die Spielleiter/in also etwas erzählen kann von der beschwerlichen Überfahrt auf einem großen Schiff, den schwierigen Lebensbedingungen und den Hoffnungen der Auswanderer, hat er/sie sicherlich die Kinder auf eine ganze Reihe von Spielideen gebracht.*

23. Kuckuck, Kuckuck, ruft aus dem Wald

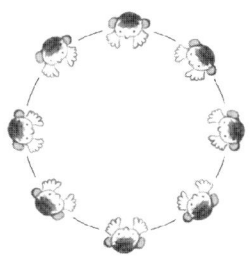

Singspiel
zum Austoben
Innenstirnkreis
Ab 3 Jahre

2. Kuckuck, Kuckuck, lässt nicht sein Schrei'n:
   „Kommt in die Felder, Wiesen und Wälder!
   Frühling, Frühling, stelle dich ein!"

35

1. Strophe:

Kuckuck, Kuckuck, ruft aus dem Wald.	*Mit den Händen vor dem Mund einen Trichter bilden*
Lasset uns singen,	*Einander die Hände reichen*
tanzen und springen, Frühling, Frühling, wird es nun bald.	*Im Kreis herum hüpfen*

2. Strophe:

Bewegungen wie oben, nur andersherum.

24. Nasse Füße

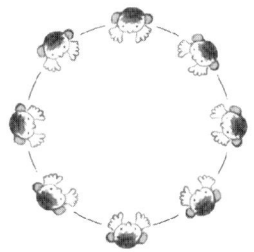

Die Kinder halten sich an den Händen und laufen um einen markierten Kreis herum, in dem verstreut doppelt so viele Bierdeckel wie Kinder liegen. Auf den Zuruf: „In den See!" oder auf Musikstopp sucht sich jedes Kind schnell 1–2 Bierdeckel zum Stehen. In den folgenden Spieldurchgängen werden es immer weniger Bierdeckel. Manche Kinder müssen dann, damit sie keine nassen Füße kriegen, von anderen Kindern hochgehoben werden oder auf den Füßen eines Mitspielers stehen. Jedenfalls soll immer nach kurzer Zeit (langsam bis drei zählen) kein Kind mehr außerhalb des Kreises oder „im Wasser" stehen.

Konzentrationsspiel
Innenstirnkreis
Ab 5 Jahre

Spieltipp:

- *Die Kinder darauf hinweisen, dass sie freie Bierdeckel zu einem Mitspieler hin verschieben dürfen, falls sie nicht von alleine darauf kommen.*

25. Ri-ra-rutsch

Die Kinder halten sich mit beiden Händen an den Schultern des Kreisnachbarn fest und gehen im Kreis. Dabei betont im Takt des Sprechreims gehen. Bei „mit der Schneckenpost" ganz verzögert sprechen und im Zeitlupentempo gehen.

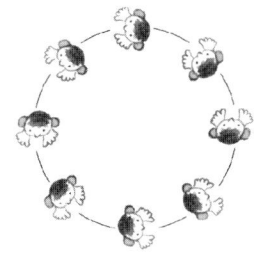

Sprechreim: Ri-ra-rutsch, wir fahren mit der Kutsch.
Wir fahren mit der Schneckenpost,
wo es keinen Pfennig kost'.
Ri-ra-rutsch, wir fahren mit der Kutsch.
Ri-ra-rutsch, wir fahren mit der Kutsch.

Spiel zur Rhythmik-
schulung
Flankenkreis
Ab 5 Jahre

Spieltipp:

● *Nach und nach das Sprechtempo steigern.*

26. Blinder im Kreis

Die Kinder halten sich an den Händen. Ein Kind steht in der Kreismitte. Ihm werden mit einem Tuch die Augen verbunden.

Ein Kinderpaar reckt nun die Arme nach oben und bildet so ein Tor. Das „blinde" Kind in der Kreismitte versucht, das Tor und damit den Weg aus dem Kreis heraus zu finden.

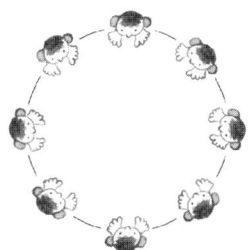

Ruhiges Spiel zur
Sammlung
Innenstirnkreis
Ab 4 Jahre

37

27. Backe, backe Kuchen

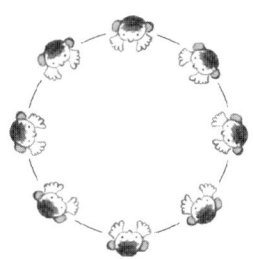

Tanzspiel
Innenstirnkreis
Ab 5 Jahre

1. Ba-cke, ba-cke Ku-chen, der Bä-cker hat ge-ru-fen: Wer will gu-ten Ku-chen ba-cken, der muss ha-ben sie-ben Sa-chen: Ei-er und Schmalz, Zu-cker und Salz, Milch und Mehl. Sa-fran macht den Ku-chen gehl. Schieb, schieb in den O-fen rein.

2. Backe, backe Pizzen,
   der Bäcker, der muss schwitzen.
   Wer will gute Pizza backen,
   der muss haben sieben Sachen:
   Wasser und Mehl, Salz und Öl,
   Käs' und Soß'.
   Salami macht die Pizza groß.
   Schieb, schieb in den Ofen rein.

Backe, backe Kuchen, der Bäcker hat gerufen.	*An den Händen fassen und im Kreis laufen*
Wer will guten Kuchen backen, der muss haben sieben Sachen:	*Andersherum laufen*
Eier und Schmalz, Zucker und Salz, Milch und Mehl.	*Stehen bleiben und im Takt in die Hände klatschen*
Safran macht den Kuchen gehl. Schieb, schieb in den Ofen rein.	*An den Händen fassen und in der Kreismitte zusammenkommen.*

28. Im Kreis geht's rund

Dieses Spiel eignet sich für 6–15 Teilnehmer. Einer fängt an und bewegt ein Körperteil. Der rechte Nachbar ahmt die Bewegung nach. So geht die Bewegung im Kreis herum, bis sich schließlich alle angeschlossen haben.

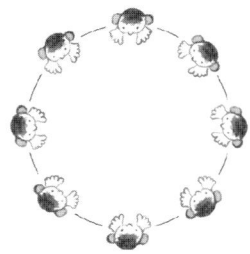

Spieltipps:

- *Durch eine schnellere Abfolge der Bewegungsvorschläge kann es richtig anstrengend werden.*
- *Zu jedem Durchgang gibt es einen neuen Startspieler.*

Spiel zum Austoben
Innenstirnkreis
Ab 4 Jahre

Spielvariante:

- Man kann auch mit geschlossenen Augen Geräusche im Kreis herumwandern lassen, z. B. Hände aneinander reiben. Dann sollte aber immer nur einer das Geräusch machen und, sobald sein Nachbar es richtig nachahmt, selber damit wieder aufhören.

29. Hampelmann II

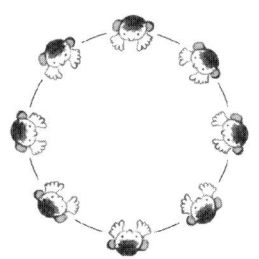

Darstellendes
Singspiel
Innenstirnkreis
Ab 5 Jahre

1. Jetzt steigt Ham-pel-mann, jetzt steigt Ham-pel-mann aus sei-nem Bett he-raus, aus sei-nem Bett he-raus. O, du mein Ham-pel-mann, mein Ham-pel-mann bist du, o, du mein Ham-pel-mann, mein Ham-pel-mann bist du.

2. Jetzt zieht Hampelmann seine Strümpfe an ...

3. Jetzt zieht Hampelmann sein kleines Höschen an ...

4. Jetzt zieht Hampelmann sein kleines Jäckchen an ...

5. Jetzt zieht Hampelmann sein kleines Mützchen an ...

6. Jetzt geht Hampelmann mit seiner Frau spazieren ...

7. Jetzt tanzt Hampelmann mit seiner lieben Frau ...

Die Bewegungen zu den Strophen ergeben sich aus dem Liedtext. „Hampelmänner" springen so: Beine abwechselnd schließen und grätschen, Arme über dem Kopf zusammenschlagen und an den Körperseiten auf die Hüfte absenken.

Spieltipp:

● *Zur pantomimischen Darstellung der Liedstrophen ausreichend Zeit lassen.*

30. Kimspiele im Kreis

Alle Kinder sitzen im Kreis und versuchen durch konzentriertes Beobachten, Hören, Riechen oder Fühlen die gegebene Aufgabe zu erfüllen:

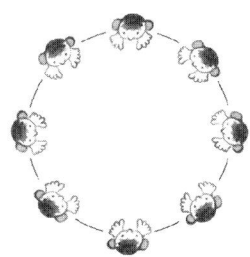

1. Die Kinder schauen sich verschiedene Gegenstände, die in der Kreismitte liegen (bei kleinen Kindern maximal zehn), genau an und versuchen, nachdem diese mit einem Tuch abgedeckt wurden, sich an möglichst viele Sachen zu erinnern und sie aufzuzählen.

Spiele zur Sinnes-
schulung
Innenstirnkreis
Ab 4 Jahre!

2. Die Kinder halten sich die Augen zu. Der/Die Spielleiter/in wählt einen Gegenstand aus der Kreismitte aus (z. B. verschiedene Orff'sche Instrumente, Glöckchen, Luftballon, Pfeife, zwei Steine, zwei Holzklötzchen), erzeugt damit einen Ton und legt den Gegenstand wieder ab. Die Kinder versuchen, ihn zu benennen und ihn unter den vielen Sachen in der Kreismitte wieder zu finden.

Spieltipp:

- *Die Kinder sollten ihre Lösung der Aufgabe zunächst für sich behalten, damit alle genug Zeit zum Überlegen finden.*

3. Wieder halten sich die Kinder die Augen zu. Der/Die Spielleiter/in wählt nun aus der Kreismitte einen duftenden Gegenstand (z. B. Mandarine, Seife, Teebeutel, Minzeblatt, Streichholzschachtel, Gummibärchen, Gewürzstreuer) aus und lässt der Reihe nach jedes Kind daran riechen. Erraten die Kinder, wonach es riecht?

4. Im Kreis wird von Kind zu Kind ein Stoffbeutel mit verschiedenen kleinen Gegenständen herumgereicht. Die Kinder sollen sich mit geschlossenen Augen jeweils einen davon herausnehmen und genau befühlen. Dann werden alle Sachen wieder in den Beutel zurückgelegt. Der Beutel wird anschließend in der Kreismitte ausgeschüttet und jeder sucht sich schnell „seinen" Gegenstand.

Spieltipp:

- *Bei älteren Kindern kann man auch verschieden geformte Steine, Stücke von Baumrinde o. Ä. nehmen.*

Spielvariante:

- Nach dem Ertasten werden die verschiedenen Gegenstände von dem/der Spielleiter/in im Raum verteilt. Alle Kinder flitzen los und suchen „ihren" Gegenstand.

31. Essstäbchen-Wanderung

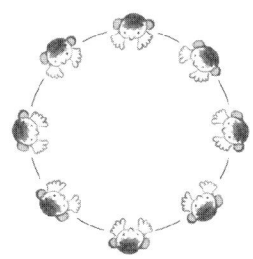

Dieses Spiel eignet sich für maximal 8 Teilnehmer. Wir benötigen einen Gardinen- oder sonstigen kleinen Ring sowie für jedes Kind ein Essstäbchen.

Die Kinder versuchen, nur mit Hilfe der im Mund gehaltenen Essstäbchen den Ring im Kreis herumwandern zu lassen. Nach einer erfolgreichen Runde versuchen sie das Ganze andersherum.

Spieltipp:

● *Dieses Spiel kann auch mit jüngeren Kindern gespielt werden, wenn sie die Essstäbchen in der Hand halten dürfen.*

Geschicklichkeits-spiel
Innenstirnkreis
Ab 7 Jahre

32. Plätze wechseln

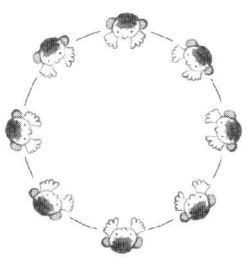

Reifen werden im Kreis ausgelegt, jedes Kind steht zu Beginn in einem eigenen Reifen. Es gibt verschiedene Aufforderungen zum Platzwechsel, z. B.: „Alle, die gerne in den Kindergarten gehen", „Alle, die einen Bruder oder eine Schwester haben", „Alle, die gerne Pizza essen", „Alle, die zu Hause ein Tier haben". Diejenigen Kinder, die sich jeweils angesprochen fühlen, bewegen sich im Uhrzeigersinn einen Reifen weiter. Es werden so im Verlauf des Spiels häufig mehrere Kinder in einem Reifen stehen.

Spieltipps:

● *Das Spiel eignet sich sehr gut als Kennenlernspiel.*
● *Vorschläge der Kinder einbeziehen.*

Ruhiges Spiel zur Sammlung
Innenstirnkreis
Ab 4 Jahre

43

33. Jetzt fängt das schöne Frühjahr an

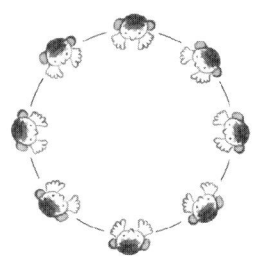

1. Jetzt fängt das schö - ne Früh - jahr
an, und al - les fängt zu blü-hen an auf
grü - ner Heid und ü - ber - all.

Ruhiges Singspiel
Innenstirnkreis
Ab 5 Jahre

1. Strophe:

Jetzt fängt das schöne Frühjahr an
und alles fängt zu blühen an

An den Händen fassen und im Kreis gehen

auf grüner Heid und überall.

Mit weit ausgebreiteten Armen auf der Stelle drehen

2. Strophe:

Es blühen Blümlein auf dem Feld. Sie blühen weiß, blau, rot und gelb.

In die Hocke gehen und langsam aus der Hocke hochkommen

Es gibt nichts Schöneres auf der Welt.

Ganz nach oben recken

3. Strophe:

Jetzt lauf ich über Berg und Tal. Da hört man schon die Nachtigall

Wieder an den Händen fassen und im Kreis laufen

auf grüner Heid und überall.

Wie oben

34. Moselschifffahrt

Auf der Mo - sel woll'n wir fah - ren, wo das

Schiff-chen sich dreht. Und das Schiff-chen heißt

... ... und die/der ... ... fährt mit.

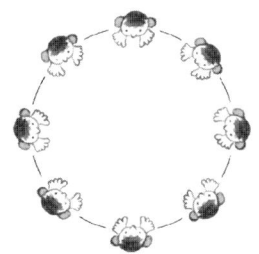

Ruhiges Singspiel
Innenstirnkreis
Ab 3 Jahre

Die Kinder halten sich an den Händen und gehen im Kreis. Ein Kind bewegt sich in der Gegenrichtung um den Kreis herum. Nachdem es sich ein weiteres Kind ausgesucht hat, gehen die beiden hintereinander. Das zweite Kind hält das erste an den Schultern fest. Nach und nach kommen immer mehr Kinder in den Außenkreis.

Spieltipp:

- *Das Spiel nicht so lange spielen, bis nur noch ein letztes Kind übrig ist, sondern lieber öfter von vorne anfangen; dann natürlich mit Kindern, die bisher noch nicht an der Reihe waren.*

35. Alle Vögel sind schon da

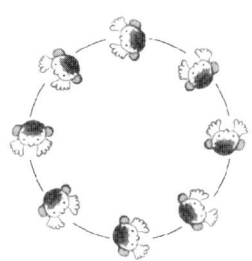

Ruhiges Singspiel
Flankenkreis
Ab 6 Jahre

1. Al - le Vö - gel sind schon da, al - le Vö - gel, al - le. Welch ein Sin - gen, Mu - si - ziern, Pfei - fen, Zwit - schern, Ti - ri - liern! Früh - ling will nun ein - mar - schiern, kommt mit Sang und Schal - le.

2. Wie sie alle lustig sind,
   flink und froh sich regen.
   Amsel, Drossel, Fink und Star
   und die ganze Vogelschar
   wünschen dir ein gutes Jahr,
   lauter Heil und Segen.

3. Was sie uns verkünden nun,
   nehmen wir zu Herzen.
   Wir auch wollen lustig sein,
   lustig wie die Vögelein,
   hier und dort feldaus, feldein,
   singen, springen, scherzen.

1. Strophe:

Alle Vögel sind schon da,
alle Vögel, alle.

Arme auf und ab bewegen und dabei im Kreis gehen

Welch ein Singen, Musiziern,
Pfeifen, Zwitschern, Tirilier'n!

Beiden Nachbarn die Hände reichen und zur Kreismitte gehen

Frühling will nun einmarschier'n,

Wieder zurückgehen

kommt mit Sang und Schalle.

Im Kreis hüpfen

2. Strophe:

Wie sie alle lustig sind,
flink und froh sich regen ...

Auf der Stelle mit Armen und Beinen zappeln

3. Strophe:

Was sie uns verkünden nun,
nehmen wir zu Herzen.

An den Händen fassen und im Kreis gehen

36. Der Wind

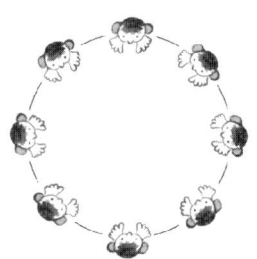

1. Ich bin der Wind und komm ge-schwind.

Ich we-he durch den Wald,

dass es weit wie-der-hallt.

Darstellendes
Singspiel
Innenstirnkreis
Ab 4 Jahre

2. Säus'le gelind, oooh, oooh, bin ein sanft' Kind, oooh, oooh.
Bald braus' ich wie ein Mann, den niemand fesseln kann.

3. Schließt Fenster zu, uuuh, uuuh, ihr kriegt kein' Ruh, uuuh,
uuuh. Ich bin der raue Wind und komm zu euch geschwind.

1. Strophe:

Ich bin der Wind, uuuh, uuuh
und komm geschwind,
uuuh, uuuh.

Körper weit vor- und zurücklehnen, Hände als Trichter an den Mund legen

Ich wehe durch den Wald,
dass es weit widerhallt.

Mit wehenden Armen im Kreis gehen

2. Strophe:

Säus'le gelind, oooh, oooh,
bin ein sanft' Kind, oooh, oooh.

Wie oben, sich aber nur ganz wenig bewegen

Bald braus' ich wie ein Mann,
den niemand fesseln kann.

Mit wild fuchtelnden Armen im Kreis laufen

3. Strophe:

Schließt Fenster zu, uuuuh,
uuuuh,
ihr kriegt kein' Ruh, uuuh, uuuh.

Gestreckte Arme zwei Mal vor
dem Körper zusammenführen

Ich bin der raue Wind
und komm zu euch geschwind.

An den Händen fassen und im
Kreis laufen

37. Spiegelbilder

Das Spiel erfordert eine gerade Teilnehmerzahl. Die Kinder stehen in zwei Kreisen: mit Blick nach innen im Außenstirnkreis, und nach außen im Innenstirnkreis. Die Kinder des inneren Kreises nehmen eine bestimmte Haltung ein (z. B. Schaufensterpuppe, verschiedene Berufe oder Sportarten). Der Außenkreis bewegt sich dabei zu einer Musik im Laufschritt um den Innenkreis herum. Beim Stoppen der Musik ahmt jedes Kind des Außenkreises wie ein Spiegelbild die Stellung seines Gegenübers aus dem Innenkreis nach.

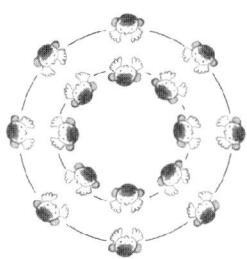

Fantasieanregendes
Spiel
Doppelter Kreis
Ab 5 Jahre

Spieltipp:

- *Nach einigen Durchgängen die Kinder in den beiden Kreisen gegeneinander austauschen.*

Spielvariante:

- Die Kinder des Außenkreises bringen die Kinder des Innenkreises in eine neue Stellung, bevor sie im Kreis laufen.

38. Morgens früh um sechs

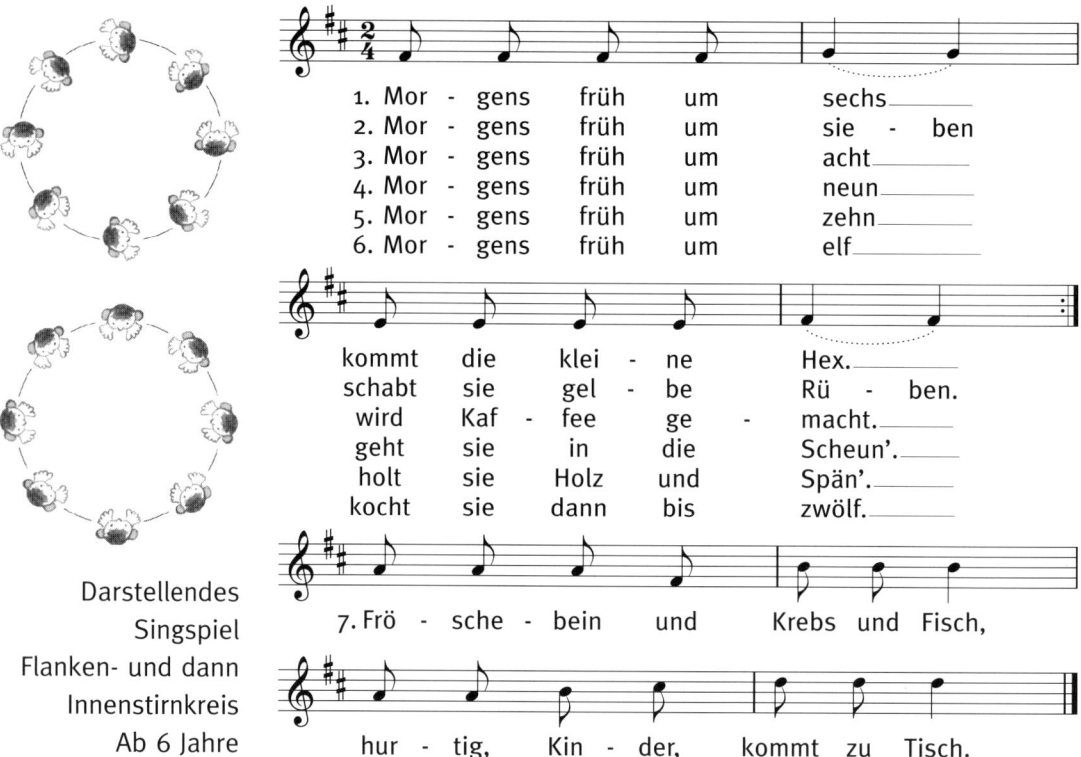

1. Mor - gens früh um sechs
2. Mor - gens früh um sie - ben
3. Mor - gens früh um acht
4. Mor - gens früh um neun
5. Mor - gens früh um zehn
6. Mor - gens früh um elf

kommt die klei - ne Hex.
schabt sie gel - be Rü - ben.
wird Kaf - fee ge - macht.
geht sie in die Scheun'.
holt sie Holz und Spän'.
kocht sie dann bis zwölf.

7. Frö - sche - bein und Krebs und Fisch,

hur - tig, Kin - der, kommt zu Tisch.

Darstellendes
Singspiel
Flanken- und dann
Innenstirnkreis
Ab 6 Jahre

Alles, was die kleine Hexe im Lied macht, kann pantomimisch dargestellt werden. In der 7. Strophe fassen sich alle an den Händen, heben die Arme hoch und finden sich hockend in der Kreismitte zusammen.

39. Auf und lauf

Ein Kind überspringt der Reihe nach die Beine aller anderen Kinder. Das nächste Kind folgt, sobald seine Beine übersprungen wurden usw. Auf ihrem Ausgangsplatz angelangt – der evtl. mit Klebeband markiert wurde – setzen sich die Kinder wieder hin. Wie lange braucht der Kreis, bis ein Durchgang fertig ist?

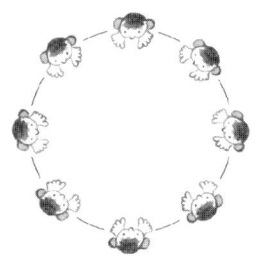

Spieltipp:

- *Zur Einführung des Spieles immer nur ein Kind pro Kreisrunde springen lassen.*

Spielvarianten:

- Verschiedene Sprungarten oder Stellungen der Kreisspieler ausprobieren, z. B. Absprung mit beiden Beinen gleichzeitig, auf einem Bein springen, Laufsprünge, Hockwenden oder Häschenhüpfer über die Kreisspieler in Bankstellung, im Liegestütz rücklings und vorlings, aber auch Bocksprünge im Flankenkreis für ältere Kinder.

Spiel zum Austoben
Innenstirnkreis im
Langsitz
Ab 5 Jahre

40. Ich ging einmal nach Buschlabeh

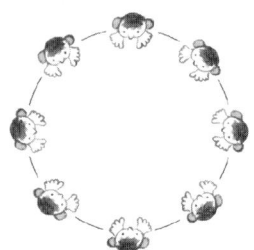

Darstellendes
Singspiel
Innenstirnkreis
Ab 6 Jahre

Ich ging ein - mal nach Busch-la - beh,
da ging's mir schlecht, o weh, o weh:

Da kam ich an ein Müh-len - haus.
Da guck - ten al - te He - xen raus.

Die ers - te sprach: Komm, trink mit mir!
Die zwei - te sprach: Komm, iss mit mir!

Die drit - te nahm 'nen Müh-len - stein
und warf ihn mir ans rech - te Bein.

Da schrie ich: „Au, au, au, o weh!

Ich geh nicht mehr nach Busch-la - beh."

Ich ging einmal nach Buschlabeh,
da ging's mir schlecht, o weh,
o weh.

Da kam ich an ein Mühlenhaus.

*An den Händen fassen und im
Kreis marschieren*

*Stehen bleiben und mit den Armen
ein Dach darstellen*

Da guckten alte Hexen raus.	*Eine Hand über die Augen legen und nach allen Seiten schauen*
Die erste sprach: Komm, trink mit mir.	*Einen Finger zeigen und Trinkbewegung machen*
Die zweite sprach: Komm, iss mit mir.	*Zwei Finger zeigen, Essbewegung machen*
Die dritte nahm 'nen Mühlenstein und warf ihn mir ans rechte Bein.	*Drei Finger zeigen, pantomimisch einen schweren Stein aufheben und werfen*
Da schrie ich: „Au, au, au, o weh!	*Ein Knie festhalten und auf der Stelle hüpfen*
Ich geh nicht mehr nach Buschlabeh."	*An den Händen fassen und schnell im Kreis laufen*

41. Gordischer Knoten

Dieses Spiel eignet sich für 8–16 Teilnehmer. Alle halten ihre Augen geschlossen und recken ihre Hände in die Kreismitte. Jede Hand sucht sich nun eine (!) andere Hand und hält sie fest. Nachdem die Augen geöffnet wurden, versuchen die Kinder, durch geschicktes Entwirren der „verknoteten Arme" eine Kette oder (schwieriger!) einen Kreis zu bilden, ohne die Hände zu lösen.

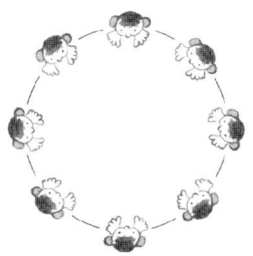

Geschicklichkeits-
spiel
Innenstirnkreis
Ab 7 Jahre

42. Zwischen Berg und tiefem Tal

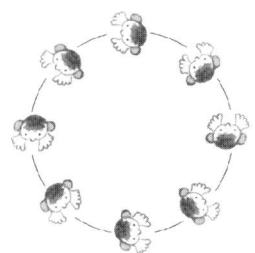

Darstellendes
Singspiel
Flankenkreis
Ab 4 Jahre

1. Zwi - schen Berg und tie - fem, tie - fem Tal

sa - ßen einst zwei Ha - sen,

fra - ßen ab das grü - ne, grü - ne Gras,

fra - ßen ab das grü - ne, grü - ne Gras

bis auf den Ra - sen.

2. Als sie sich dann satt gefressen hatten,
   setzten sie sich nieder,
   bis dass der Jäger kam, bis dass der Jäger kam
   und schoss sie nieder.

3. Als sie sich dann aufgesammelt hatten
   und sie sich besannen,
   dass sie noch am Leben war'n,
   dass sie noch am Leben war'n,
   liefen sie von dannen.

Zu den ersten beiden Strophen wird pantomimisch dargestellt, was im Lied geschieht.

3. Strophe:

Als sie sich dann aufgesammelt
hatten und sie sich besannen,

Recken und langsam aufstehen

dass sie noch am Leben war'n,
dass sie noch am Leben war'n,

*An den Händen und im Seitgalopp
im Kreis hüpfen*

liefen sie von dannen.

*In alle Richtungen auseinander
laufen*

43. Namen rufen

Dieses Spiel eignet sich für 4–10 Teilnehmer. Wir benötigen einen Ball oder ein Bohnensäckchen. Ein Kind wirft, nachdem es den Namen eines anderen Kindes gerufen hat, diesem den Ball zu.

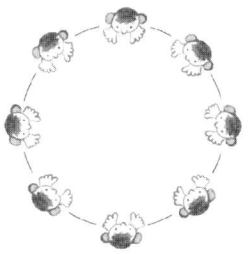

Spieltipp:

● *Das Spiel eignet sich sehr gut zum Kennenlernen.*

Spielvarianten:

● Durch die Zugabe eines weiteren Balles lässt sich das Spiel schneller gestalten.
● Kennen sich die Kinder namentlich bereits gut, können sie sich z. B. durch ihr Lieblingstier oder auch durch die Straße, in der sie wohnen, ansprechen lassen.

Ruhiges Spiel zur
Sammlung
Innenstirnkreis
Ab 4 Jahre

44. Widewitt

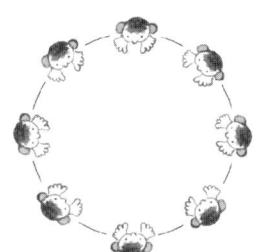

1.–7. Wi-de-wi-de-witt, wir wol-len tan-zen. Wi-de-wi-de-

witt, und das geht so: 1. Das ist ein-mal.

Singspiel
zum Austoben
Innenstirnkreis
Ab 7 Jahre

In jeder Strophe kommt die nächste Zahl dazu. Es wird immer wieder mit „Das ist einmal" begonnen:

Widewidewitt, wir wollen tanzen.	*An den Händen fassen und im Kreis laufen*
1. Das ist einmal.	*Mit dem rechten Fuß auftippen*
2. Das ist zweimal.	*Mit dem linken Fuß auftippen*
3. Das ist dreimal.	*Mit dem rechten Knie den Boden berühren*
4. Das ist viermal.	*Mit dem linken Knie den Boden berühren*
5. Das ist fünfmal.	*Mit dem rechten Ellbogen den Boden berühren*
6. Das ist sechsmal.	*Mit dem linken Ellbogen den Boden berühren*
7. Das ist siebenmal.	*Mit der Stirn den Boden berühren*

45. Gefängnisausbruch

Maximal 15 Kinder bilden einen Kreis und halten sich an den Händen: entweder auf dem Rücken, auf dem Bauch oder auf der Seite liegend, kniend, im Schneidersitz oder in einer anderen Körperhaltung. Sie spielen die Gefangenen, die mit Handschellen aneinander gefesselt sind. Auf Zuruf stehen jetzt alle Kinder auf, laufen zum anderen Turnhallenende oder zu einem verabredeten Punkt und nehmen dort wieder die Ausgangsstellung ein. Das alles, ohne die Hände loszulassen! Kinder, die die Hände gelöst haben, werden beim nächsten Durchgang doppelt gefesselt: Sie müssen ihre Arme vor dem Körper kreuzen.

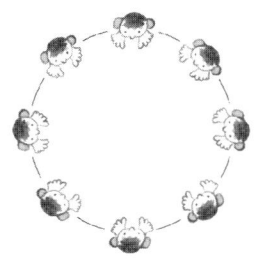

Geschicklichkeits-
spiel
Innenstirnkreis
Ab 4 Jahre

Spieltipp:

- *Am leichtesten ist natürlich die Ausgangsstellung im Stehen. Deshalb sollte man auch damit anfangen.*

Spielvariante:

- Die Gefangenenschar muss auf ihrem Weg verschiedene Hindernisse überwinden. Dafür bieten sich Turnbänke, Weichbodenmatten, Slalomstangen, im Freien natürlich liegende Baumstämme, kleine Gräben u. Ä. an.

46. Hopp, hopp, hopp

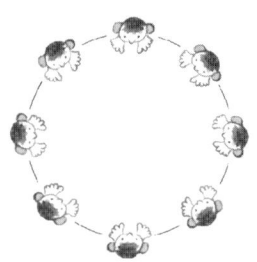

Darstellendes Sing-
spiel
Innenstirnkreis
Ab 3 Jahre

1. Hopp, hopp, hopp, Pferd-chen, lauf Ga-lopp! Ü-ber Stock und ü-ber Stei-ne, a-ber brich dir nicht die Bei-ne. Im-mer im Ga-lopp, hopp, hopp, hopp, hopp, hopp!

2. Tipp, tipp, tapp, wirf mich nur nicht ab!
   Sonst bekommst du Peitschenhiebe,
   Pferdchen, tu mir's ja zuliebe.
   Wirf mich ja nicht ab,
   tipp, tipp, tipp, tipp, tapp.

Das Lied kann pantomimisch dargestellt werden. In der ersten Strophe galoppieren alle im Kreis herum und springen über imaginäre Hindernisse. Bei „Hopp, hopp, hopp, hopp, hopp" stehen bleiben und im Takt in die Hände klatschen.

In der zweiten Strophe wird getrabt, und es kommt die Peitsche dazu. Bei „Tipp, tipp, tipp, tipp, tapp" stehen bleiben und im Takt mit den Füßen aufstampfen.

47. Steig drauf

Ein Kind steht mit verbundenen Augen in der Kreismitte. Die anderen Kinder leiten es mit Worten hin zu einem Bierdeckel o. Ä., der sich irgendwo im Kreis befindet. Nach der Aufforderung „Steig drauf" versucht das Kind, mit dem nächsten Schritt auf das Ziel zu treten.

Spielvariante:

● Bei älteren Kindern können die „Steig drauf"-Aufforderungen auch komplizierter werden, z. B. „Steig drauf mit links und zur Seite" oder „Steig drauf mit rechts nach hinten".

Ruhiges Spiel zur Sammlung
Innenstirnkreis
Ab 6 Jahre

48. Meine Mu

Sprechreim:

Meine Mu, meine Mu,
meine Mutter schickt mich her,

In Richtung Kreismitte stapfen

ob der Ku, ob der Ku,
ob der Kuchen fertig wär?

Stehen bleiben und in die Hände klatschen

Wenn er no, wenn er no,
wenn er noch nicht fertig wär,

Wegwerfbewegung mit der rechten Hand, dann mit der linken und mit beiden Händen gleichzeitig

käm ich mo, käm ich mo,
käm ich morgen wieder her.

Alle drehen sich um und stapfen aus der Kreismitte heraus.

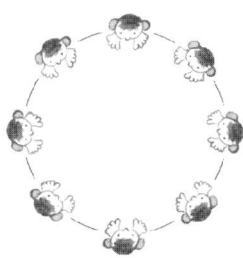

Spiel zur Rhythmikschulung
Innenstirnkreis
Ab 4 Jahre

Spieltipp:

- *Alle Bewegungen rhythmisch in einem ganz gleichmäßigen Tempo ausführen. Nach ein paar Durchgängen macht es viel Spaß, immer schneller zu werden!*

49. Wer hat ihn denn?

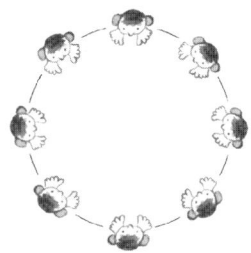

Ruhiges Spiel zur
Sinnesschulung
Innenstirnkreis
Ab 7 Jahre

Dieses Spiel eignet sich für maximal 12 Teilnehmer. Wir benötigen eine Auswahl von Gegenständen in verschiedenen Größen. Ein Gegenstand wird im Kreis herumgegeben. Ein Kind in der Kreismitte schließt die Augen, zählt bis zehn und öffnet sie wieder. Inzwischen haben die anderen Kinder den Gegenstand weitergereicht und ein Kind hält ihn jetzt versteckt. Damit das ganz unauffällig geschieht, ahmen alle Kinder des Kreises die Körper- oder Handhaltung dieses Kindes nach.

Ein Kind, bei dem der versteckte Gegenstand irrtümlich vermutet wird, hat also perfekt das Verstecken geschauspielert und darf zur Belohnung für den nächsten Spieldurchgang den Gegenstand auswählen.

Spieltipp:

- *Leicht zu verstecken in einer Hand sind z. B. eine Nuss oder ein Bauklötzchen, schwieriger, weil mit zwei Händen zu halten, ein Tennisball oder ein Tuch. Ganz schwierig wird es natürlich, wenn der Gegenstand (z. B. ein Springseil, oder ein Softball) so groß ist, dass man sich darauf setzen oder legen muss, um ihn zu verstecken.*

50. Laufball

Maximal 10 Kinder passen sich der Reihe nach einen Ball zu. Ein Kind läuft um den Kreis herum und variiert seine Laufgeschwindigkeit und die Richtung. Die Ball spielenden Kinder sollen den Ball immer neben dem laufenden Kind halten.

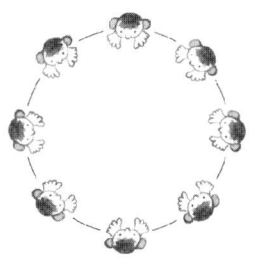

Spieltipp:

- *Das laufende Kind häufig auswechseln.*

Spielvariante:

- Das Spiel auch mit anderen Wurfgeräten, z. B. Bohnensäckchen spielen.

Spiel zur Sinnesschulung
Großer Innenstirnkreis
Ab 6 Jahre

51. Stabfangen

Dieses Spiel eignet sich für maximal 8 Kinder. Ein Kind steht mit einem Gymnastikstab in der Kreismitte. Es stellt den Stab senkrecht auf den Boden, ruft den Namen eines Mitspielers und lässt dann sofort den Stab los. Das aufgerufene Kind läuft schnell in den Kreis und versucht den Stab zu erwischen, bevor er zu Boden fällt.

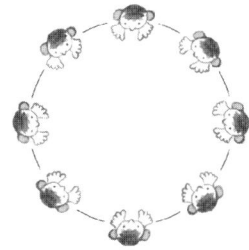

Spieltipp:

- *Am Anfang bilden die Kinder einen engen Kreis. Mit zunehmender Übung kann der Kreis dann vergrößert werden.*

Konzentrationsspiel
Innenstirnkreis
Ab 7 Jahre

52. Hänschen klein

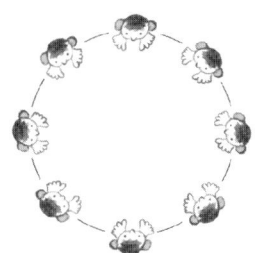

Darstellendes
Singspiel
Innenstirnkreis
Ab 6 Jahre

1. Häns-chen klein ging al-lein in die wei-te Welt hi-nein. Stock und Hut stehn ihm gut, ist gar wohl-ge-mut. A-ber Mut-ter wei-net sehr, hat ja nun kein Häns-chen mehr. Da be-sinnt sich das Kind, läuft nach Haus ge-schwind.

2. Lieschen klein ging allein ... aber Vater weinet sehr ...

Hänschen/Lieschen klein ging allein	*In die Kreismitte stampfen*
in die weite Welt hinein.	*Auf der Stelle drehen und aus dem Kreis heraustapfen*
Stock und Hut steh'n ihm gut, ist gar wohlgemut.	*Den rechten Nachbarn an den Händen fassen und tanzen*
Aber Mutter/Vater weinet sehr, hat ja nun kein Hänschen mehr.	*Mit Blickrichtung zum Kreis hinhocken*
Da besinnt sich das Kind, läuft nach Haus geschwind.	*In die Kreismitte laufen, Arme um die Kreisnachbarn legen*

53. In Ohnmacht fallen

Mindestens 12 Kinder befinden sich innerhalb eines auf dem Boden markierten Kreises. Sie stehen dabei möglichst dicht zusammen. Jedes Kind bekommt die Zahl 1, 2 oder 3 zugeteilt. Auf den Zuruf „Eins" (bzw. „Zwei" oder „Drei") fallen nun die Einer-Kinder (bzw. die Zweier- oder die Dreier-Kinder) in Ohnmacht, d. h. sie lassen sich mit lautem Seufzen ganz langsam (!) zu Boden sinken. Die anderen Kinder müssen die Ohnmächtigen schnell unter den Armen festhalten, bevor sie auf dem Boden liegen.

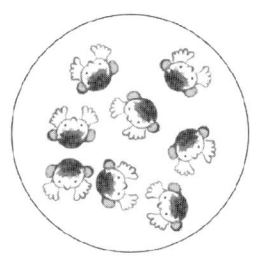

Konzentrationsspiel
Ab 6 Jahre

Spieltipp:

● *Die Zahlenzuordnung jeweils nach wenigen Spieldurchgängen ändern, damit ein Überraschungseffekt (welches Kind aus dem Kreis fällt jetzt in Ohnmacht?) erhalten bleibt.*

54. Rollendes Rad

Die Kinder halten sich an den Händen und versuchen, ihren Kreis wie ein Rad an einer Wand entlang zu rollen. Dabei ist es wichtig, dass die Kreisform immer erhalten bleibt.

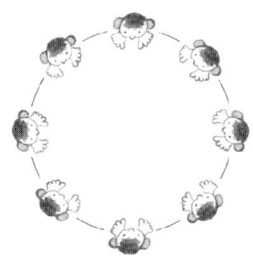

Spieltipp:

● *Den Kindern vor dem Spiel mit Hilfe eines runden Bierdeckels die entsprechende Bewegung vorzeigen.*

Konzentrationsspiel
Innenstirnkreis
Ab 8 Jahre

55. Ein Jäger längs dem Weiher ging

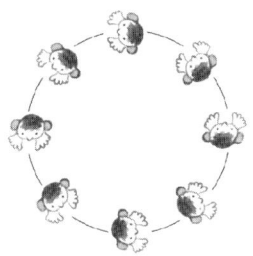

Darstellendes
Singspiel
Flankenkreis
Ab 6 Jahre

1. Ein Jä - ger längs dem Wei - her ging:
Lauf, Jä - ger, lauf! Die Däm - mer - ung den
Wald um - fing. Lauf, Jä - ger, lauf, Jä - ger, lauf, lauf,
lauf! Mein lie - ber Jä - ger, gu - ter Jä - ger,
lauf, lauf, lauf, mein lie - ber Jä - ger,
lauf, mein lie - ber Jä - ger, lauf!

2. Was raschelt in dem Grase dort? Lauf, Jäger, lauf!
   Was flüstert leise fort und fort? Lauf, Jäger, lauf ...

3. Der Jäger läuft zum Wald hinaus. Lauf, Jäger, lauf!
   Verkriecht sich flink im Jägerhaus. Lauf, Jäger, lauf ...

4. Das Häschen spielt im Mondenschein. Lauf, Jäger, lauf!
   Ihm leuchten froh die Äugelein. Lauf, Jäger, lauf ...

Zu Beginn gehen alle pantomimisch mit Gewehr im Anschlag im Kreis. Bei „Lauf, Jäger, lauf!" fassen sich alle an den Händen und laufen – möglichst im Takt – im Kreis. Bei „Was raschelt in dem Grase dort?" hinhocken, nach allen Seiten schauen und horchen. Bei „verkriecht sich flink" hinhocken und die Arme über den Kopf schlagen. Auch das Häschen wird pantomimisch dargestellt, indem alle im Kreis hüpfen.

56. Wetterfühlen

Dieses Spiel erfordert eine gerade Teilnehmerzahl. Die Kinder des inneren Kreises sitzen in entspannter Haltung mit geschlossenen Augen und werden von den Mitspielern des Außenkreises am Rücken massiert – evtl. mit Tennisbällen, Igelbällen, Bohnensäckchen. Eine ruhige Musik kann eingespielt werden. Dazu erzählt der/die Spielleiter/in eine Geschichte, die vom Wetter handelt (es regnet, die Sonne scheint, ein Gewitter, Hagelschauer usw.).

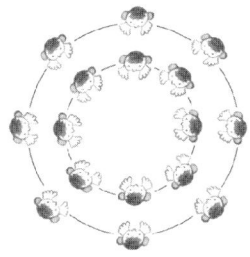

Spiel zur Sammlung und Sinnesschulung
Doppelter Innenstirnkreis
Ab 6 Jahre

Spieltipps:

- *Eine ruhige Spielatmosphäre ist unbedingt erforderlich. Entsprechende Musik und Stimmführung können dazu beitragen.*
- *Nach einer Weile tauschen die Kinder des Innenkreises die Plätze mit den Kindern des Außenkreises.*

Spielvarianten:

- Man kann auch auf dem Rücken des Partners einen Pizzateig zubereiten und belegen, ein Landschaftsbild malen oder Buchstaben und Zahlen, die der Partner erraten soll, „schreiben".

65

57. Ich bin ein Musikante

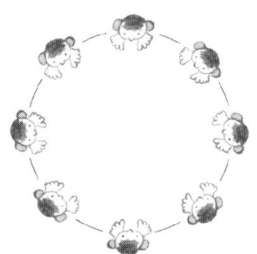

Darstellendes
Singspiel
Innenstirnkreis
Ab 6 Jahre

1. Ich bin ein Mu - si - kan - te und
komm aus Schwa - ben - land. Wir
sind auch Mu - si - kan - ten und
komm'n aus Schwa - ben - land. Ich
kann auch bla - sen, wir kön-nen auch bla - sen
die Trom - pe - te, die Trom - pe - te: Teng,
teng - te - reng, teng, teng - te - reng-teng,
teng - te-reng, teng, teng. Teng, teng.

Ich bin ein Musikante und komm aus Schwabenland.	*Ein Kind steht in der Kreismitte und zeigt auf sich.*
Wir sind auch Musikanten und komm'n aus Schwabenland.	*Die anderen Kinder fassen sich an den Händen und gehen in Richtung Kreismitte.*
Ich kann auch blasen, wir können auch blasen die Trompete, die Trompete:	*Der einzelne Musikant wird in den Kreis aufgenommen und alle Kinder gehen rückwärts, bis wieder ein großer Kreis entsteht.*
Teng, tengtereng, teng, tengtereng ...	*Alle spielen pantomimisch auf dem besungenen Instrument.*

Spieltipp:

- *Die Spielideen der Kinder bezüglich besungener Instrumente und die entsprechenden Laute einbeziehen.*

Spielvarianten:

2. Ich kann auch spielen auf dem Klavier ... Klimpimperim, klimpimperim ...
3. ... auf der Pauke ... Bummbummberum ...
4. ... auf der Geige ... Ziepziepzierip ...
5. ... auf der Gitarre ... Schrappschrappscherapp ...

58. Tierstimmenspiel

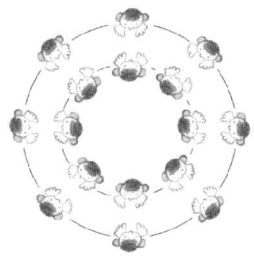

Fantasieanregendes
Spiel zur Sinnes-
schulung
Doppelter Kreis
Ab 6 Jahre

Dieses Spiel eignet sich für 12–20 Teilnehmer (gerade Teilnehmer-zahl). Die Kinder stehen in zwei Kreisen: Außenstirnkreis innen und Innenstirnkreis außen. Die Spieler des Innenkreises stellen ihrem Gegenüber aus dem Außenkreis eine Tierstimme als Erkennungsmerkmal vor. Dann setzt Musik ein, die Spieler des Außenkreises fassen sich an den Händen und laufen mit geschlossenen Augen um den Innenkreis herum. Beim Musikstopp versuchen sie, immer noch mit geschlossenen Augen, durch Horchen auf die Mitspieler des Innenkreises, die jetzt wieder die verabredete Tierstimme hören lassen, ihren Kreis so zu verschieben, dass jeder wieder vor seinem anfänglichen Gegenüber zum Stehen kommt.

Spielvarianten:

- Die Spieler des Innenkreises halten ebenfalls die Augen geschlossen und bewegen sich gegengleich zum Außenkreis.
- Außer Tierstimmen können auch andere Geräusche zugelassen werden, z. B. Geräusche aus dem Straßenverkehr oder Geplapper in verschiedenen „Sprachen".

59. Tellerkreisel

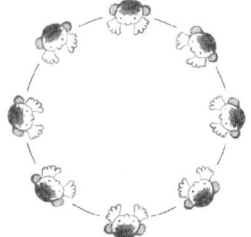

Spiel zum Austoben
Innenstirnkreis
Ab 6 Jahre

6–8 Kinder stehen im Kreis. Ein Kind in der Kreismitte dreht einen Plastikteller wie einen Kreisel und ruft dann den Namen eines Mitspielers. Dieser soll nun schnell zum Teller laufen und ihn auffangen, bevor er still am Boden liegt. Schafft er es, darf er nun selbst den Teller kreiseln lassen. Schafft er es nicht, kommt ein Kind dran, das bislang noch nicht oft an der Reihe war.

Spieltipps:

- *Das Kreiseln vorher üben.*
- *Als Vorbereitung für dieses Spiel eignet sich das Spiel „Namen rufen" (siehe Seite 55).*
- *Die Größe des Kreises und damit die Laufentfernung zur Mitte hin langsam steigern.*

Spielvarianten:

- *Das Spiel kann auch mit einem Luftballon gespielt werden, der hochgeschlagen wird.*

60. Der Storch

Sprechreim:

Der Storch, der steht so ganz allein auf einem Bein.

Auf einem Bein mit ausgebreiteten Armen stehen. Der rechte Fuß liegt an der Innenseite des linken Knies.

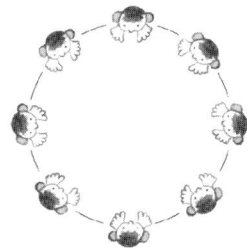

Er winkt zu Seite, nach hinten, nach vorne und steht und zeigt uns, wie das mit dem ander'n Bein geht.

Den rechten Fuß in die verschiedenen Richtungen strecken und wieder in die Ausgangsstellung zurückkommen

Jetzt schreitet er los, ganz langsam und sacht. Hebt dabei die Flügel, erhaben und still. Und zeigt uns, dass er spazieren gehen will.

Gleichzeitig mit dem aufsetzenden Fuß die Arme locker über Kopfhöhe heben, dann die Arme senken und den anderen Fuß anheben; auf diese Art im Kreis herum schreiten

Konzentrationsspiel
Innenstirnkreis
Ab 6 Jahre

Spieltipp:

- *Jeder braucht ein bisschen Platz um sich herum. Diese Gleichgewichts- und Koordinationsübung aus dem Qigong sollte langsam und ruhig ausgeführt und mehrfach wiederholt werden.*

61. Bruder Jakob

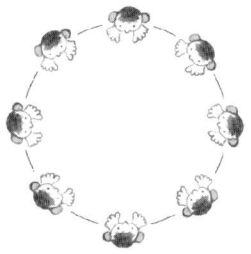

Singspiel
zum Austoben
Innenstirnkreis
Ab 5 Jahre

Bru - der   Ja - kob,   Bru - der   Ja - kob,

schläfst du   noch?   Schläfst du   noch?

Hörst   du   nicht   die   Glo - cken,

hörst   du   nicht   die   Glo - cken?

Ding, ding,   dong!   Ding, ding,   dong!

Bruder Jakob, Bruder Jakob,
schläfst du noch?
Schläfst du noch?

Ein Kind liegt in der Kreismitte und „schläft". Die anderen Kinder hüpfen im Kreis um es herum.

Hörst du nicht die Glocken, hörst du nicht die Glocken?	*Stehen bleiben und das Gewicht von einem Bein auf das andere verlagern*
Ding, ding, dong! Ding, ding, dong!	*In die Kreismitte laufen und „Jakob" im Takt der Glocke auf den Rücken klopfen. Nach dem letzten „dong" springt Jakob auf und versucht ein Kind zu fangen. Alle Mitspieler rennen schnell weg.*

62. Ballsuche

Dieses Spiel eignet sich für maximal 10 Teilnehmer. Die Kinder geben hinter ihren Rücken einen Tennisball im Kreis herum. Richtungswechsel und Täuschungen sind dabei ausdrücklich erlaubt. Ein Kind in der Kreismitte versucht, durch genaues Beobachten herauszufinden, bei welchem Kind sich der Ball gerade befindet.

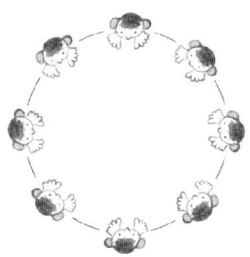

Spieltipp:

- *Die Kinder sollten ermutigt werden, erst mal eine ganze Weile zu beobachten und nicht gleich dem ersten Verdacht zu folgen.*

Spielvariante:

- Die Kinder sitzen ganz dicht zusammen und reichen unter den Knien einen Handschuh weiter. Ab und zu bekommt das Kind in der Kreismitte damit schnell auf den Po geschlagen, bevor der Handschuh wieder unter den Beinen verschwindet.

Konzentrationsspiel
Enger Innenstirnkreis
Ab 7 Jahre

63. Turmbau zu Babel

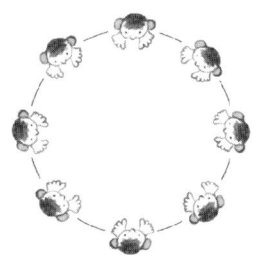

Spiel zum Austoben
Innenstirnkreis
Ab 5 Jahre

Für dieses Spiel benötigen wir viele Steckbausteine und einen großen Schaumstoffwürfel. Die in einem engen Kreis stehenden Kinder (maximal 8) würfeln reihum. Wer gewürfelt hat, läuft entsprechend der Augenzahl auf dem Würfel Runden um den Kreis herum. Er darf dann in der Kreismitte eine entsprechende Anzahl von Bausteinen zu einem Turm zusammensetzen bzw. den Turm um die entsprechende Anzahl an Bausteinen erhöhen. Wer eine „Sechs" würfelt, nimmt nach einer Hüpfrunde drei Bausteine vom Turm herunter.

Spieltipps:

- *Nach einer kurzen Einspielphase sollten die Kinder schnell hintereinander würfeln, um die Wartezeiten und Laufpausen kürzer zu halten.*
- *Für jüngere Kinder ist es hilfreich, wenn die „Sechs" auf dem Würfel mit Tesakrepp überklebt wird, auf das z. B. ein durchgestrichener Baustein aufgemalt ist.*

Spielvariante:

- Für ältere Kinder kann man für jede gewürfelte Zahl eine andere Fortbewegungsart einführen: z. B. bei der „Eins" eine Runde auf dem Bauch kriechen, bei der „Zwei" zwei Runden auf allen Vieren gehen, bei der „Drei" drei Runden springen, bei der „Vier" vier Runden Seitgalopp und bei der „Fünf" fünf Runden laufen.

64. O du lieber Augustin

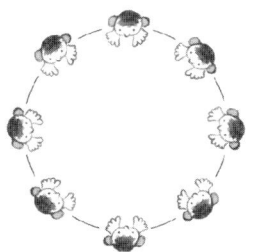

Tanzspiel
Innenstirnkreis
Ab 3 Jahre

O, du lieber Augustin, Augustin,
Augustin, o, du lieber Augustin,

alles ist hin.

Hut ist weg, Stock ist weg,
Geld ist weg, alles weg.

O, du lieber Augustin, alles ist
hin. O, du lieber Augustin,
alles ist hin.

*An den Händen fassen und schnell
im Kreis laufen*

*Hände loslassen und auf „hin"
nach unten fallen lassen*

*Wurfbewegungen über die Schul-
ter machen*

*Wieder an den Händen fassen und
im Kreis laufen*

65. Tierfamilien

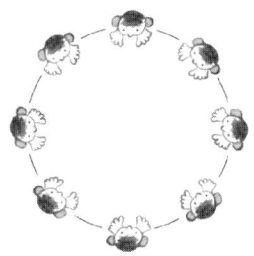

Dieses Spiel erfordert mindestens 10 Teilnehmer. Alle Kinder halten die Augen geschlossen. Sie bewegen sich langsam in Richtung Kreismitte und lassen dabei eine Tierstimme ihrer Wahl hören. Durch gutes Hinhorchen sollen sich dann Tierfamilien zusammenfinden.

Spieltipps:

- *Zunächst ist es hilfreich, wenn man die Auswahl an Tieren auf drei beschränkt (z. B. Hund, Katze und Kuh). Nach und nach kann dann die Auswahl erweitert werden.*
- *Manchmal ist es nötig, die Kinder darauf hinzuweisen, selbst nicht ununterbrochen zu bellen oder zu miauen, sondern auch einmal eine Horch-Pause einzulegen.*

Spiel zur Sinnes-
schulung
Innenstirnkreis
Ab 5 Jahre

66. Verrücktes Wohnzimmer

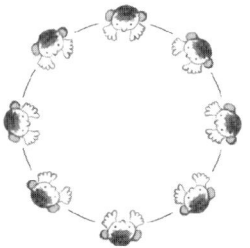

Dieses Spiel erfordert mindestens 15 Teilnehmer. Ein „Zauberer" in der Kreismitte verzaubert mit einem „Zauberstab" (z. B. einer angemalten Küchenrolle) immer drei nebeneinander stehende Kinder in Teile der Wohnzimmereinrichtung:

Sofa: Die beiden äußern Kinder drehen sich zueinander und fassen sich an den Händen. Das Kind in der Mitte setzt sich auf die Arme.

Fernseher: Das mittlere Kind kniet sich auf den Boden und fängt an zu plappern. Die beiden Kinder rechts und links bilden mit ihren Armen den Bildschirm.

Je nach Tempo
Konzentrationsspiel
oder Spiel zum
Austoben
Innenstirnkreis
Ab 7 Jahre

Tisch: Die beiden äußeren Kinder legen sich auf den Rücken und strecken die Unterschenkel waagerecht zueinander, sodass sich die Füße berühren. Das mittlere Kind geht als abbrennende Kerze langsam in die Knie.

CD-Player: Das Kind in der Mitte dreht sich als CD auf der Stelle. Die beiden anderen Kinder fungieren als Lautsprecher: Sie stampfen mit den Füßen auf, klatschen in die Hände und singen dazu.

Wer einen Fehler, also keine oder die falsche Bewegung macht (oder sich bewegt, wenn er gar nicht dran ist), wird der neue Zauberer.

Spieltipp:

- *Dieses Spiel erfordert Konzentration und sollte am Anfang langsam gespielt wird. Besonders spannend, aber auch lustig wird es dann jedoch, wenn das Zaubern schnell geht.*

67. Verknäulen

Dieses Spiel erfordert mindestens 8 Teilnehmer und Springseile. Die Kinder greifen mit der rechten und linken Hand je ein Seilende und halten so jeweils ein Seil zwischen zwei Kindern. Nun übersteigen einzelne Kinder von anderen gehaltene Seile oder schlüpfen vorsichtig unten durch. Nachdem auf diese Weise Kinder und Seile so richtig verknäult sind, wird das Gewirr vorsichtig wieder aufgelöst. Während des gesamten Spiels sollte kein Seilende losgelassen werden.

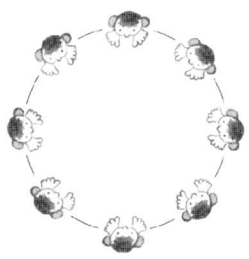

Geschicklichkeits-
spiel
Innenstirnkreis
Ab 7 Jahre

68. Es tönen die Lieder

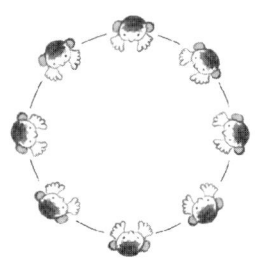

Tanzspiel
Innenstirnkreis
Ab 6 Jahre

1. Es tö - nen die Lie - der, der Früh - ling kehrt wie - der, es spie - let der Hir - te auf sei - ner Schal - mei. La la la la la la la la la la la la la la la la.

2. Es tönen die Lieder, der Sommer kehrt wieder,
   es spiel'n die Touristen auf ihrer Gitarr' ...

3. Es tönen die Lieder, der Herbst, er kehrt wieder,
   es spielt der Bergsteiger auf der Mundharmonika ...

4. Es tönen die Lieder, der Winter kehrt wieder,
   es trommelt der Schneemann auf seinem Blechhut ...

Die Bewegungen ergeben sich aus dem Liedtext, z. B.:

Es tönen die Lieder, der Frühling kehrt wieder,	*An den Händen fassen und im Kreis hüpfen*
es spielet der Hirte auf seiner Schalmei:	*Stehen bleiben und auf einer imaginären Flöte spielen*
La, la, la, la ...	*Wieder an den Händen fassen und schnell im Kreis laufen*

76

69. Lametta

Ein Drittel der Mitspieler steht, sitzt oder liegt in der Kreismitte. Die übrigen Kinder erhalten Parteibändchen und laufen um diese Gruppe herum. Auf Zuruf strecken die Kinder in der Kreismitte ihre Arme (und/oder Beine) vom Körper weg, die anderen hängen ihre Parteibändchen darüber. Dabei können verschiedene Aufgaben gestellt werden: „Werdet eure Bändchen möglichst schnell los!", „Immer zwei Bändchen an dieselbe Stelle hängen!", „Hängt eure Bändchen so auf, dass es möglichst lustig aussieht!", „Die Bändchen sollen jeweils einen Fuß und einen Arm verbinden!", u. a. Dabei sollen die Kinder sich gegenseitig helfen, damit die Aufgabe gelingt.

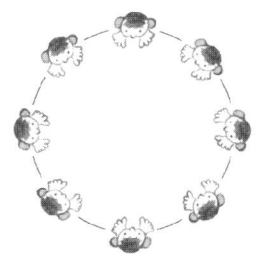

Geschicklichkeitsspiel
Innenstirnkreis
Ab 5 Jahre

Spieltipp:

● *Bei großen Gruppen kann man dieses Spiel auch als Wettkampf zwischen zwei Kreisen austragen.*

Spielvarianten:

● Es stehen zum „Schmücken" der Kinder in der Kreismitte noch weitere Materialien zur Verfügung. Geeignet sind z. B. Bierdeckel, Bohnensäckchen, Springseile, Tücher, Reifen, Bänderstäbe, Papprollen oder -teller.

70. Stab tauschen

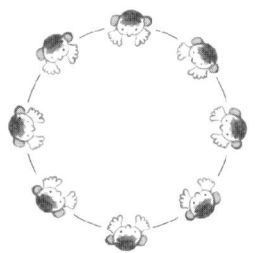

Dieses Spiel erfordert mindestens 8 Teilnehmer. Jedes Kind erhält einen Gymnastikstab und stellt seinen Stab senkrecht vor sich. Auf Kommando lässt nun jeder seinen Stab los, bewegt sich schnell zum Platz des Kreisnachbarn und versucht dessen Stab aufzufangen, bevor er zu Boden fällt.

Spieltipps:

Konzentrationsspiel
Innenstirnkreis
Ab 7 Jahre

- *Wenn die Kinder ihre Gymnastikstäbe mit der flachen Hand von oben auf den Stab drückend festhalten, ist sichergestellt, dass die Stäbe auch wirklich senkrecht stehen.*
- *Vor dem Loslass-Kommando sollten alle Kinder auf den Stab schauen, den sie auffangen sollen.*

71. Springender Kreis

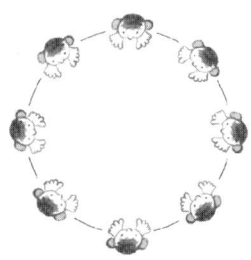

Dieses Spiel eignet sich für maximal 15 Teilnehmer. Wir benötigen ein Springseil und ein Bohnensäckchen. In der Kreismitte lässt der/die Spielleiter/in das am Seil befestigte Bohnensäckchen dicht über dem Boden kreisen. Die Kinder versuchen, das ankommende Seil rechtzeitig zu überspringen. Wie viele Runden schaffen es die Kinder, ohne am Seil hängen zu bleiben?

Spiel zur Sinnes-
schulung
Innenstirnkreis
Ab 5 Jahre

72. Wanderball

Dieses Spiel eignet sich für 6–10 Teilnehmer. Wir benötigen einen Ball oder ein Bohnensäckchen sowie eine Stoppuhr. Die Kinder reichen oder werfen sich den Ball möglichst schnell der Reihe nach zu und zählen die Runden, die sie in einer vorgegebenen Zeit schaffen.

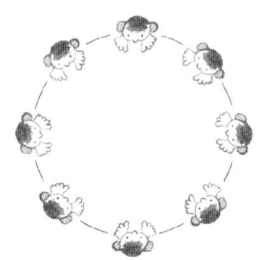

Spieltipp:

- *Bei jüngeren Kinder reicht eine Spielzeit von 2–3 Minuten am Stück aus. Lieber öfter mit wechselnden Nachbarn spielen lassen.*

Geschicklichkeits-spiel
Innenstirnkreis
Ab 4 Jahre

Spielvarianten:

- Es können auch mehrere Kreise gegeneinander spielen: Welcher Kreis schafft als erster zehn Runden?
- In einem engen Flankenkreis kann der Ball auch zwischen den Beinen hindurch zum nächsten Kind gerollt werden.
- Ältere Kinder können sich den Ball auch im Liegestütz weiterreichen oder in einem ganz engen Sitzkreis versuchen, den Ball ohne Zuhilfenahme der Hände über die Oberschenkel von einem Kind zum nächsten rollen zu lassen.

Kreisspiele mit Wettkampfcharakter

73. Guten Morgen!

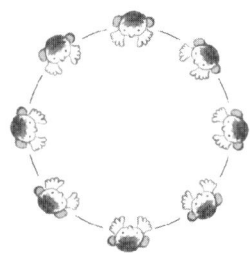

Für jedes Kind wird ein Reifen in einem großen Kreis ausgelegt. In jedem Reifen liegt jeweils ein Pullover oder Sweatshirt und ein Schuh eines Kindes. Die Kinder laufen um die Reifen herum, bis ein Wecker klingelt. Um die Wette ziehen sie sich jetzt die Kleidungsstücke aus dem nächstgelegenen Reifen an. Wer damit fertig ist, darf den Wecker abstellen. Die nächste Laufrunde wird dann mit Ausziehen gespielt: Den Wecker abstellen darf derjenige, der zuerst den Pulli und den fremden Schuh ausgezogen und in seinen Reifen gelegt hat.

Spiel zum Austoben
Innenstirnkreis
Ab 5 Jahre

Spieltipp:

- *Manche Kinder mögen es nicht, wenn andere Kinder ihre Sachen anziehen. Andere wiederum ziehen nicht gerne fremde Kleider an. Darauf sollte Rücksicht genommen werden. Eventuell kann man dieses Spiel mit einer Partnerübung mit Kleidertausch oder Schuhtausch einführen. Natürlich kann das Spiel auch so gespielt werden, dass jeder schnell seine eigenen Sachen sucht und anzieht. Das ist aber nicht ganz so lustig.*

74. Mäuschenfangen

Dieses Spiel eignet sich für maximal 10 Teilnehmer. Ein Kind, das Mäuschen, bekommt als Schwänzchen ein Tuch mit einem Zipfel in den Hosen- oder Rocksaum gesteckt und läuft um den Kreis der anderen Kinder herum. Diese halten sich an den Händen und sprechen folgenden Reim:

„Mäuschen, Mäuschen, flink und leise,
spring hinein in unsern Kreise.
Husch, husch, husch."

Bei jedem „Husch" klatschen die Kinder in die Hände und gehen einen großen Schritt rückwärts. Das Mäuschen flitzt nun im Slalom um die Kinder herum. Jedes Kind, an dem das Mäuschen vorbeikommt, versucht, das „Mäuseschwänzchen" herauszuziehen, ohne dabei aber seinen Platz zu verlassen. Wer es schafft, darf als Nächster das Mäuschen sein. Welchem Mäuschen gelingt es, lange sein „Schwänzchen" zu behalten?

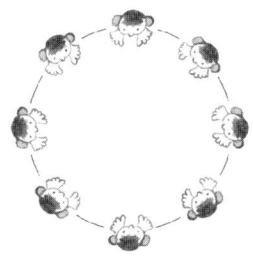

Geschicklichkeits-
spiel
Innenstirnkreis
Ab 4 Jahre

75. Tigerball

Die Kinder spielen sich durch den Kreis hindurch einen Softball zu. Ein Kind in der Kreismitte versucht, den Ball abzufangen.

Spieltipp:

- *Zunächst sollten die Kinder den Ball rollen, dann werfen (auch mit einmaligem Aufprellen in der Kreismitte) oder schießen.*

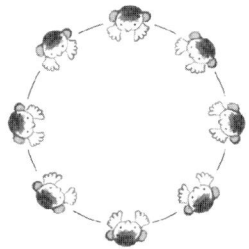

Spiel zum Austoben
Innenstirnkreis
Ab 3 Jahre

Spielvariante:

- Bei älteren Kindern ist die Gerätevariante des Tigerball-Spiels beliebt: Dabei stehen die Kinder auf verschiedenen Geräten, z. B. auf kleinen Kästen, Kastendeckeln oder Matten. Fällt der Ball auf den Boden, wechseln alle auf ein anderes Gerät.

76. Weg – oder bleiben?

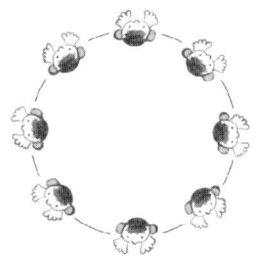

Spiel zum Austoben
Außenstirnkreis (!)
Ab 6 Jahre

Ein Kind in der Kreismitte wirft einen Ball ganz hoch und versucht, ihn wieder zu fangen. Gelingt das, laufen die Kinder, die es entsprechend gehört haben, schnell weg und das Kind mit dem Ball versucht, von seinem Platz aus einen Mitspieler abzutreffen. Fällt der Ball aber nach dem Hochwerfen auf den Boden, so setzen sich alle Kinder, die glauben, dieses gehört zu haben, schnell hin.

Wer falsch reagiert hat oder abgetroffen wurde, geht beim nächsten Mal in die Kreismitte.

Spielvarianten:

- Zwei Kinder werfen je einen Ball in der Kreismitte hoch. Gelaufen wird nur dann, wenn beide Bälle gefangen werden. Fallen beide Bälle dagegen auf den Boden, setzen sich die Kinder hin. Zusätzlich können sich die Mitspieler noch eine weitere Reaktionsmöglichkeit für den Fall ausdenken, dass ein Ball gefangen, der andere aber auf den Boden fällt (z. B. sich schnell auf den Bauch legen).

77. Hundehütte I

Dieses Spiel erfordert mindestens 8 Teilnehmer. Es eignet sich als Wettbewerbsspiel für Kinder ab 6 Jahren; dann erfordert es eine ungerade Teilnehmerzahl. Die eine Hälfte der Spieler bildet in Kreisaufstellung mit gegrätschten Beinen die Hundehütten. Die anderen Mitspieler laufen um diesen Kreis herum. Beim Musik-stopp suchen sie sich schnell eine Hütte. Bei ungerader Teilneh-merzahl bleibt einer ohne Hütte, der eine besondere Bewegungs-aufgabe lösen muss, z. B. fünf Strecksprünge springen oder auf einem Bein stehend bis zehn zählen.

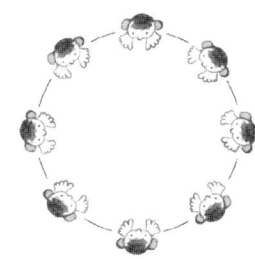

Spiel zum Austoben
Innenstirnkreis
Ab 3 Jahre

Spieltipps:

- *Die Kinder ggf. auffordern, nicht immer in dieselbe Hunde-hütte zu gehen.*
- *Nach einigen Spieldurchgängen unbedingt die Rollen tau-schen.*

Spielvarianten:

- Die sich um den Kreis bewegenden Kinder können verschie-dene Fortbewegungsarten ausprobieren, z. B. Pferde, die ga-loppierend in die Boxen laufen, Häschen, die in die Büsche springen. Ebenso ist die Position der Kreisspieler veränderbar, z. B. Bankstellung, Liegestütz rücklings.

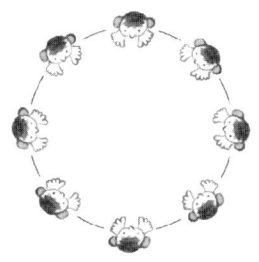

Spiel zum Austoben
Innenstirnkreis
Ab 6 Jahre

78. Kreisfangen

Maximal 10 Kinder halten sich an den Händen. Eines von ihnen (das vorher bestimmt wird) soll von einem Läufer, der um den Kreis herumläuft, abgeschlagen werden. Der Kreis kann durch geschickte Richtungswechsel das verfolgte Kind schützen. Der Läufer hat aber auch dann gewonnen, wenn an einer Stelle des Kreises die Handfassung gelöst wurde.

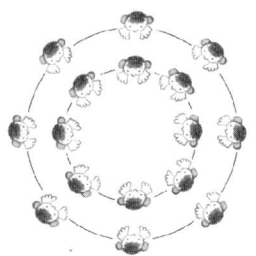

Konzentrationsspiel
Doppelter Innen-
stirnkreis
Ab 4 Jahre

79. Zunge zeigen

Ein Spiel für 15–31 Teilnehmer (ungerade Teilnehmerzahl). Ein Kind steht in der Mitte des Kreises, dreht sich langsam und versucht möglichst unauffällig, einem Mitspieler des inneren Kreises seine Zungenspitze zu zeigen. Der so aufgeforderte Spieler läuft schnell ins Kreisinnere.

Hat der Mitspieler aus dem Außenkreis, der mit auf dem Rücken verschränkten Armen direkt hinter ihm steht, das Zungezeigen bemerkt, versucht er den Spieler vor ihm festzuhalten. Wem dennoch die Flucht gelingt, der wird der neue Zungenzeiger.

Spieltipp:

● *Das unauffällige Zungezeigen vorher üben.*

Spielvariante:

● Bei älteren Kindern kann mit Zuzwinkern gespielt werden.

80. Ein Reifen ist frei

Dieses Spiel eignet sich für maximal 12 Teilnehmer. Wir benötigen einen Reifen für jedes Kind und einen Reifen extra. Die Kinder stehen in den als Kreis ausgelegten Reifen. Ein Kind geht in die Kreismitte, sodass nun zwei Reifen im Kreis frei sind. Das Kind in der Kreismitte versucht, wieder in einen freien Reifen zu gelangen. Die anderen Kindern verhindern das, indem sie durch Hin- und Herspringen immer wieder schnell die jeweils freien Reifen besetzen.

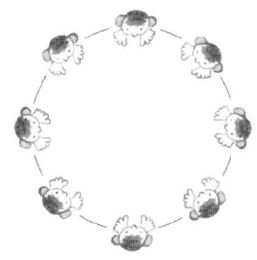

Spiel zum Austoben
Innenstirnkreis
Ab 6 Jahre

Spieltipps:

- *Durch eine Steigerung der Anzahl der freien Reifen wird das Spiel immer schneller und interessanter.*

81. Burgball

Maximal 10 Kinder bilden einen Kreis mit Kreismarkierung. In der Grundform des Burgballspiels versuchen die Spieler, mit einem Gymnastikball ein Ziel in der Kreismitte abzutreffen, das von einem Kind gegen den einfliegenden Ball geschützt wird.

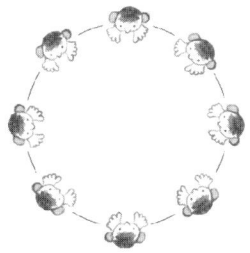

Spiel zum Austoben
Innenstirnkreis
Ab 5 Jahre

Spielvariante:

- Der Burgwächter darf den Ball auch fangen und dann weit wegwerfen, was ihm die Chance gibt, seine Burg wieder zu reparieren, z. B. umgefallene Keulen wieder aufzustellen.

82. Werfer gegen Läufer

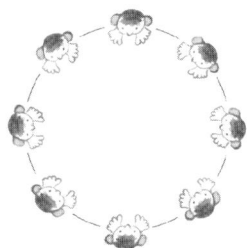

Maximal 10 Kinder werfen einen Ball möglichst schnell von einem zu nächsten und zählen dabei laut die gefangenen Würfe. Währenddessen flitzt ein Kind um den Kreis herum und zählt seine zurückgelegten Runden. Bei einer vorher vereinbarten Anzahl, z. B. 20 Würfe, rufen die Kinder laut „Halt": das Signal für den Laufenden, stehen zu bleiben. Wie viele Runden hat er bis dahin geschafft?

Konzentrationsspiel
Innenstirnkreis
Ab 6 Jahre

Spieltipps:

- *Einen Reifen für jedes Kind als Standortmarkierung auslegen.*
- *Einen großen Kreis auslegen und auch halbe Runden zählen.*
- *Lauf- und Passrichtung nach wenigen Spielrunden wechseln.*

83. Ausbrechen

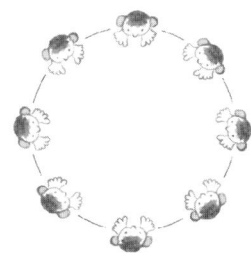

Die Kinder halten sich an den Händen. Zwei Kinder in der Kreismitte versuchen, aus dem Kreis auszubrechen.

Spiel zum Austoben
Innenstirnkreis
Ab 6 Jahre

Spieltipp:

- *Dieses Spiel ist ein wirkliches Kampfspiel, das nur gespielt werden sollte, wenn die Kinder folgende Regeln akzeptieren können: Erlaubt sind ein Anrennen gegen die Arme, Wegdrücken mit den Armen oder mit dem ganzen Körper, Überklettern mit Abstützen beim Gegner und Durchkriechen unter den Armen. Ausdrücklich verboten sind: Schlagen, in die Finger oder ins Gesicht fassen, treten, kratzen u. Ä.*

84. Balljagd

8–14 Kinder sind in zwei Mannschaften aufgeteilt und stehen im Kreis jeweils abwechselnd. Jede Mannschaft hat einen unterschiedlichen Ball.

Jede Mannschaft lässt ihren Ball möglichst schnell im Uhrzeigersinn im Kreis herumwandern. Vorher wurde festgelegt, welcher Ball den anderen Ball einholen soll. Die beiden Bälle starten im Kreis gegenüber liegend.

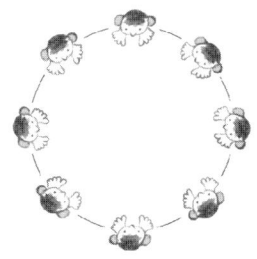

Konzentrationsspiel
Innenstirnkreis
Ab 6 Jahre

Spieltipp:

- *Die Bälle können zunächst weitergereicht werden. Nach und nach dann den Kreis und damit den Abstand der Mitspieler zueinander vergrößern, sodass die Bälle zugeworfen werden müssen.*
- *Als Hinführung zu diesem Spiel eignet sich Wettwanderball sehr gut.*

Spielvarianten:

- Jeder Ball jagt den anderen und wird selbst gejagt.
- Die Kinder spielen im Sitzen oder in Bauchlage.

87

85. Ball aus dem Kreis

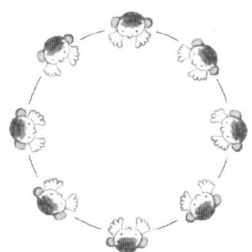

6–12 Kinder haken einander unter und bilden so einen engen Kreis. Ein Spieler in der Kreismitte versucht nun, einen Softball durch eine Lücke zwischen den Beinen nach draußen zu befördern.

Spieltipp:

- *Den Spieler in der Kreismitte häufig auswechseln.*

Spiel zum Austoben
Innenstirnkreis
Ab 4 Jahre

Spielvariante:

- Mit älteren Kindern kann man eine Variante dieses Spiels auch als Mannschaftswettbewerb spielen. Dazu legt sich die Hälfte der Kinder ganz dicht mit nach oben gereckten Beinen auf den Rücken in die Kreismitte. Sie balancieren einen Sitzball auf ihren Füßen und versuchen dann, ihn für einen Punktgewinn über die Köpfe der gegnerischen Mannschaft, zu stoßen, die einen Kreis um die Liegenden bildet. Gelingt es der Außenmannschaft aber, den Ball zu fangen, bevor er außerhalb des Kreises zu Boden fällt, bekommt sie einen Punkt.

86. In den Kreis ziehen

Maximal 10 Kinder fassen sich an den Händen. In der Kreismitte liegen 3–5 Keulen. Die Kinder versuchen, sich gegenseitig in die Kreismitte zu ziehen, sodass die Keulen umfallen.

Spieltipp:

- *Die Aufstellung häufig wechseln, damit jeder immer wieder neue Nachbarn hat.*

Spielvariante:

- Besonders spannend ist es, wenn an dieses einfache Kampfspiel noch ein Fangspiel angeschlossen ist: Wenn ein Mitspieler eine oder mehrere Keulen umgestoßen hat, laufen alle anderen Kinder schnell zu einem Freimal. Das Kind aus der Kreismitte versucht, vorher eines oder mehrere Kinder abzuschlagen.

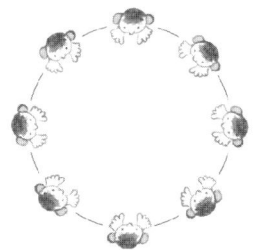

Spiel zum Austoben
Innenstirnkreis
Ab 6 Jahre

87. Der Dritte läuft

Dieses Spiel eignet sich für 11–21 Teilnehmer (ungerade Teilnehmerzahl). Ein Fänger und ein Gejagter laufen um den Kreis herum. Sobald sich der Gejagte bei einem Zweierpaar hinten angestellt hat, muss der innen Stehende des Paares vor dem Fänger fliehen. Ihm ist dabei einmal der Weg durch den Kreis gestattet, während der Fänger immer außen herumlaufen muss. Wer gefangen wird, ist der nächste Fänger.

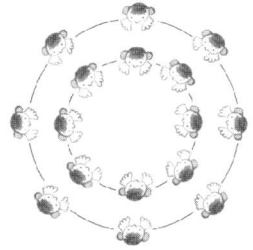

Spiel zum Austoben
Doppelter Innen-
stirnkreis
Alter: ab 6 Jahre

88. Salamanderschwanz

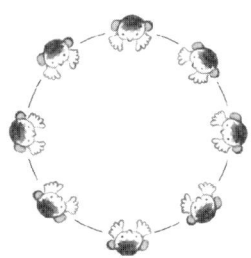

Spiel zum Austoben
Innenstirnkreis
Ab 7 Jahre

16–30 Kinder werden in zwei Mannschaften eingeteilt. Die eine Mannschaft stellt in der Mitte eines markierten Kreises den Salamander dar, indem sie eine Reihe bildet, bei der jeweils der Vordermann an den Hüften festgehalten wird. Die andere Mannschaft bildet um den Salamander herum einen Innenstirnkreis und versucht, durch gezieltes Zuspiel untereinander und Abwerfen eines Softballs auf den „Salamanderschwanz" den letzten Spieler in der Reihe der gegnerischen Mannschaft abzutreffen. Dieser bildet anschließend den neuen Kopf des Salamanders. Die Spieler im Kreis versuchen durch geschickte Bewegungen einen Treffer auf den Schwanz zu verhindern, dürfen sich aber nicht loslassen.

Wie lange braucht die Werfer-Mannschaft, um der Reihe nach alle neuen Schwänze des Salamanders abzuwerfen?

Spieltipps:

- *Um zu verhindern, dass sich die Kinder im Kreis loslassen, kann man das Loslassen wie einen Treffer der Gegenmannschaft bewerten.*
- *Unbedingt einen Rollentausch im nächsten Spiel veranlassen.*

Spielvariante:

- Treten manche Kinder als gute und häufige Werfer zu stark hervor, kann man als Zusatzregel einführen, dass jeder nur eine begrenzte Anzahl von Würfen hat und danach nur noch als Zuspieler fungieren kann. Gleichzeitig ist damit ein zusätzlicher Anreiz zum genauen Werfen gegeben.

89. Hundehütte II

Die Kinder des inneren und des äußeren Kreises laufen zu Musik in entgegengesetzte Richtungen. Beim Musikstopp bilden die Kinder des Innenkreises mit ihren gegrätschten Beinen die Hundehütten, in die die Kinder des Außenkreises schnell hineinschlüpfen.

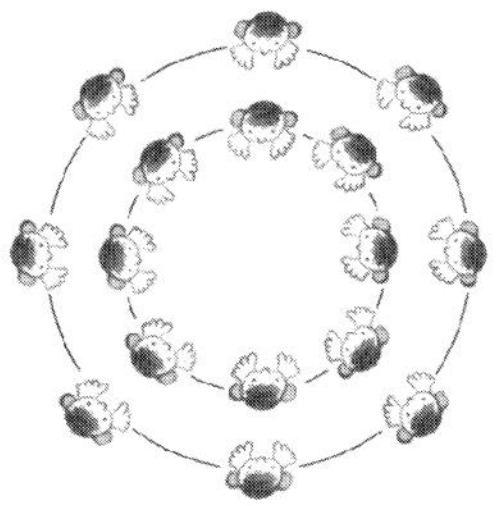

Spieltipps:

- *Damit die Hundehütten nicht kreuz und quer stehen, ist der Hinweis hilfreich: „Stelle deine Füße jeweils neben die Füße deiner Nachbarn und schaue in die Kreismitte."*
- *Die Laufrichtungen und die Verteilung der Kinder auf Innen- und Außenkreis bei älteren Kindern häufig wechseln.*

Spielvariante:

- Besteht der Innenkreis aus weniger Kinder als der Außenkreis, wird es besonders spannend, weil einige Hunde ohne Hütte bleiben müssen.

Konzentrationsspiel
Doppelter Innenstirnkreis
Ab 6 Jahre

90. Komm mit, lauf weg

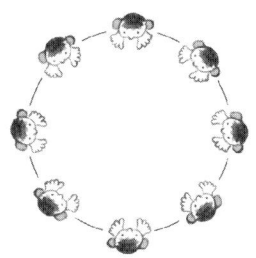

Konzentrationsspiel
Innenstirnkreis
Ab 7 Jahre

Dieses Spiel eignet sich für 8–12 Teilnehmer. Einer läuft um den Kreis herum, tippt dann einem Mitspieler auf den Rücken und ruft dabei: „Komm mit!" (oder „Lauf weg!"). Der durch Antippen ausgewählte Spieler versucht nun, den Startspieler einzuholen, bevor dieser den freien Platz im Kreis wieder erreicht hat. Beim Kommando „Lauf weg!" jedoch startet der angetippte Mitspieler in die Gegenrichtung und liefert sich nun mit dem Startspieler ein Wettrennen um den Kreis herum bis zu dem freien Platz. Wer zuletzt ankommt bzw. wer gefangen wurde, kommt in der nächsten Spielrunde als Antipper an die Reihe.

Spieltipps:

- *Zunächst das Spiel nur mit der „Komm mit!"-Aufforderung spielen.*
- *Das Spiel wird schnell und erfordert viel Aufmerksamkeit, wenn die Spieler mit dem Antippen nicht lange warten und so auch mehr als zwei Spieler auf einmal unterwegs sein können.*

Spielvariante:

- Das Spiel mit einem doppelten Innenstirnkreis spielen. Es laufen dann also immer drei Spieler.

91. Raus damit

Maximal 10 Kinder stehen im Kreis. Ein Kind in der Kreismitte versucht, sitzend einen Volley- oder Softball über die um es herumstehenden Mitspieler zu stoßen oder zu werfen. Täuschen ist dabei erlaubt. Wer den Ball fängt, darf als Nächster in die Kreismitte.

Spieltipps:

- *Die Größe des Kreises ist abhängig von der Wurfstärke der Kinder.*
- *Das Hochstoßen eines Balles aus dem Sitzen vorher üben.*

Konzentrationsspiel
Innenstirnkreis
Ab 5 Jahre

92. Murmelspiel im Kreis

Dieses Spiel eignet sich für maximal 10 Teilnehmer. Am besten spielt man das Spiel auf einem Sandplatz. Zunächst werden ein kleiner Kreis (Durchmesser ca. 30 cm) und um ihn herum ein größerer Kreis (Durchmesser ca. 2 m) auf dem Boden markiert.

Jedes Kind erhält 4 Murmeln und legt 3 Murmeln in den Innenkreis. Ziel des Spiels ist es, mit Hilfe der vierten Murmel aus dem Außenkreis heraus Murmeln der Spielgegner aus dem Innenkreis herauszustoßen. Die Zielmurmel wird nach jedem Schuss wieder aufgenommen.

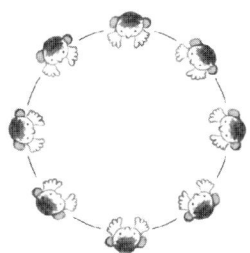

Spiel zur Sinnes-
schulung
Innenstirnkreis
Ab 6 Jahre

93. Abwerfen in zwei Kreisen

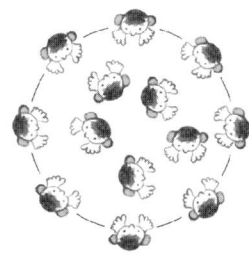

16–30 Kinder verteilen sich auf zwei Mannschaften. Jede Mannschaft bildet einen Kreis und schickt drei bis fünf Mitspieler in die Mitte des gegnerischen Kreises. Beide Kreise sind markiert, jede Mannschaft erhält einen Softball. Die Außenspieler versuchen die Innenspieler abzuwerfen.

Wird ein Innenspieler abgetroffen, so wechselt er als Außenspieler zum Kreis seiner Mannschaft. Ein Außenspieler, der einen Treffer erzielt hat, darf als Innenspieler in den Kreis der anderen Mannschaft. Gewonnen hat die Mannschaft, die es schafft, alle gegnerischen Innenspieler aus ihrem Kreis abzuwerfen.

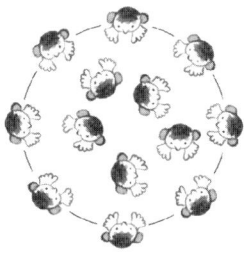

Spieltipp:

- *Das Spiel ist eine gute Variante zum altbekannten Völkerball. Durch die Kreisaufstellung und den Einsatz von zwei Bällen ist aber wesentlich mehr Dynamik im Spiel. Auch schwächere Spieler können hier besser ins Spielgeschehen eingreifen.*

Spiel zum Austoben
Zwei Innenstirnkreise
Ab 8 Jahre

Spielvarianten:

- *In den Kreisen steht je ein großer Kasten als Schutzwand.*
- *Die Innenspieler halten je einen Medizinball und dürfen mit diesem Schutzschild ankommende Bälle abwehren.*

94. Plumpsack

Ein Kind läuft um den Kreis herum und lässt ein Tuch (oder ein Bohnensäckchen) hinter einem Kind fallen. Dieses hebt es schnell auf und versucht das davonlaufende erste Kind einzuholen, bevor es den jetzt freien Platz im Kreis wieder erreicht hat. Schafft es dies, so darf es selbst im nächsten Spieldurchgang den Plumpsack ablegen.

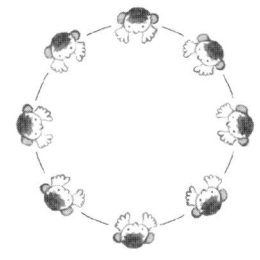

Konzentrationsspiel
Innenstirnkreis
Ab 4 Jahre

Spieltipp:

● *Die Kinder immer wieder an Mitspieler erinnern, die noch nicht an der Reihe waren.*

Spielvariante:

● Das gefangene Kind kommt in die Kreismitte und muss eine Sonderaufgabe nach Vorschlag der Kinder erfüllen, z. B. 10 Hampelmänner springen, eine bestimmte Laufstrecke schnell zurücklegen, 6-mal in die Luft springen o. Ä.

95. Fängerwechsel

6–20 Kinder stehen im Abstand von ca. 1 Meter. Ein Fänger und ein Verfolgter bewegen sich um den Kreis herum. Der Fänger kann durch Abschlagen eines Mitspielers aus dem Kreis diesen als neuen Fänger bestimmen und sich somit ablösen lassen. Der Verfolgte darf im Gegensatz zum Fänger auch durch den Kreis laufen, aber dort nicht stehen bleiben.

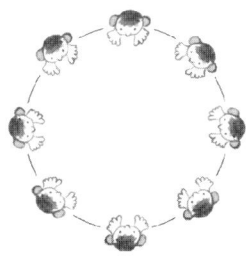

Spiel zum Austoben
Innenstirnkreis
Ab 8 Jahre

96. Jägerflucht

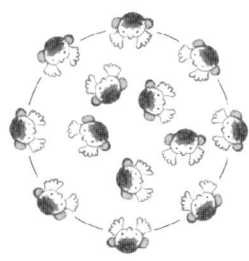

Spiel zum Austoben
Innenstirnkreis
Ab 8 Jahre

10–20 Kinder werden in zwei Mannschaften aufgeteilt. Eine Mannschaft – die „Jäger" – steht im markierten Innenkreis, die andere – die „Hasen" – in der Kreismitte. Die Jäger versuchen, die innerhalb des Kreises laufenden Hasen mit einem Gymnastikball abzuwerfen. Hat ein Hase den Ball berührt – entweder durch Auffangen oder durch einen Treffer des Jägers an den Körper –, prellt der Hase den Ball schnell einmal auf den Boden auf, fängt ihn auf und ruft im selben Moment: „Stopp!" Die nach der Ballberührung durch einen Hasen sofort geflohenen Jäger müssen auf der Stelle stehen bleiben. Der Hase mit dem Ball sucht sich einen Jäger aus und versucht ihn abzutreffen.

In diesem Spiel können bei jeder Spielaktion sowohl die Jäger als auch die Hasen punkten: Die Jäger durch Abwerfen eines Hasen und Auffangen eines Hasenschusses, die Hasen durch Auffangen eines Jägerschusses und anschließendes Abwerfen eines Jägers.

Spieltipp:

● *Unbedingt nach einer festgelegten Spielzeit die Rollen zwischen Hasen und Jägern tauschen.*

Spielvariante:

● Bei wurf- und fangschwachen Kindern dürfen die Hasen vor dem Werfen ein bis zwei Laufschritte in Richtung eines geflohenen Jägers machen.

97. Schritte-Spiel

Ein Kind steht in einem Reifen in der Kreismitte und stellt den Mitspielern eine Aufgabe, z. B. „mit 10 Einbeinsprüngen in den Reifen" oder „mit 20 Trippelschritten in den Reifen". Die Kinder im Kreis gehen nun, jeder für sich, so weit nach hinten oder auch in Richtung Kreismitte, bis sie die Entfernung erreicht haben, die ihnen ihrer Ansicht nach das genaue Lösen der Aufgabe möglich macht. Dann probieren sie aus, ob sie sich richtig eingeschätzt haben.

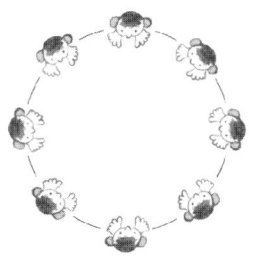

Konzentrationsspiel
Innenstirnkreis
Ab 6 Jahre

98. Katz und Maus

Die Kinder halten sich an den Händen. Je ein Kind läuft als Katze oder Maus außerhalb des Kreises. Die Katze versucht die Maus zu fangen. Dabei lassen die anderen Kinder durch kurzzeitiges Lösen der Hände die Maus ungehindert in den Kreis und wieder herauslaufen. Der Katze jedoch wird der Weg in den Kreis mit den Armen versperrt, nur ein oder zwei „Tore" sind ständig auch für die Katze geöffnet.

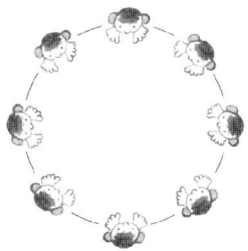

Spiel zum Austoben
Innenstirnkreis
Ab 6 Jahre

Spieltipp:

● *Die Anzahl der „Tore" und der „Katzen" je nach Laufstärke der „Maus" variieren.*

Spielvariante:

● Die Katze darf immer durch die gegrätschten Beine der Kreisspieler durchschlüpfen.

99. Band fassen

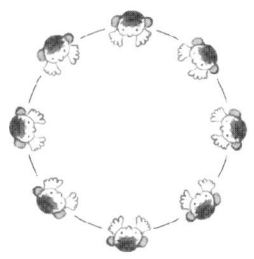

Maximal 10 Kinder liegen mit geschlossenen Augen in einem Kreis auf dem Rücken, die Füße in Richtung Kreismitte. Der/Die Spielleiter/in lässt nun das Band eines Bänderstabes über die Kinder gleiten. Ein Kind, das die Berührung zu spüren glaubt, versucht das Band zu erhaschen.

Spiel zur Sinnes-
schulung
Innenstirnkreis
Ab 5 Jahre

Spieltipps:

- *Am Anfang gleitet das Band über die gefalteten Hände der Kinder, dann über die Gesichter. Am schwierigsten ist es natürlich, das Band mit bekleideten Körperteilen (Bauch oder Beine) zu erspüren.*
- *Die Geschwindigkeit der Bandbewegung kann variiert werden.*

100. Treffer

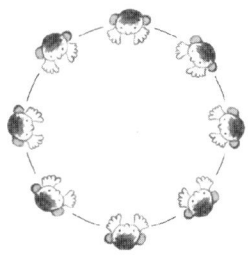

Mehrere Reifen werden zunächst gleichmäßig verteilt auf der markierten Kreisbahn ausgelegt und 1–2 kleine Kästen mit der Öffnung nach oben in die Mitte platziert.

Jedes Kind erhält einen Ball. Alle Kinder halten nun ihren Ball fest und laufen schnell im Kreis. Auf Zuruf oder Musikstopp versuchen zunächst alle Kinder, einen Reifen zu erobern und dann ihren Ball in einen Kasten in der Kreismitte zu werfen. Dabei gibt es dann besondere Wurfaufgaben für die Kinder, die nicht in einem Reifen zu stehen kommen: Sie werfen den Ball rückwärts durch ihre Beine hindurch, rückwärts über den Kopf, mit der ungeschickteren Hand, sitzend mit den Füßen u. Ä. Jeder zählt seine Treffer!

Geschicklichkeits-
spiel
Innenstirnkreis
Ab 6 Jahre

101. Kreishüter-Ball

Dieses Spiel eignet sich für maximal 10 Teilnehmer. Zwei Reifen liegen in der Mitte eines markierten Kreises. Die Kinder spielen sich einen gut springenden Ball zu. Ein Kind in der Kreismitte versucht durch geschickte Ballabwehr zu verhindern, dass der Ball in einem der Reifen aufprellt und direkt danach von einem anderen Kind gefangen wird.

Die Mitspieler passen sich den Ball so lange quer durch den Kreis zu, bis sich für einen Reifentreffer und das anschließende Fangen eine günstige Gelegenheit ergibt.

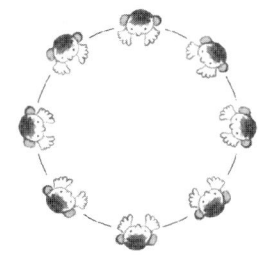

Spiel zum Austoben
Innenstirnkreis
Ab 6 Jahre

Spieltipp:

● *Je weiter die beiden Reifen auseinander liegen, desto schwieriger wird es für den Kreishüter.*

102. Beintreffer

Maximal 8 Kinder rollen einen größeren Ball im Kreis hin und her. Ein Spieler in der Kreismitte versucht, dem Ball auszuweichen.

Spiel zum Austoben
Innenstirnkreis im
Knien oder in
Bauchlage
Ab 6 Jahre

Spieltipp:

● *Die Haltung in Bauchlage ist für die Kinder sehr anstrengend. Deshalb nach jedem Beintreffer die Kinder auffordern, eine den Rücken entspannende Haltung einzunehmen (z. B. Kauerstellung in der Hocke, oder in Rückenlage Knie an die Brust ziehen).*

103. Auf der Bahn bleiben

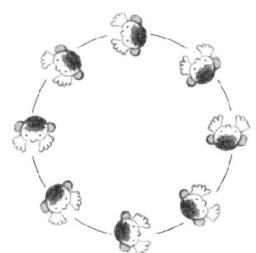

Konzentrationsspiel
Flankenkreis
Ab 4 Jahre

Mit aneinandergeknoteten Springseilen bzw. mit jeweils einer Zauberschnur werden zwei konzentrische Kreise ausgelegt, sodass eine durch Seile begrenzte Kreisbahn von ca. 0,5 Meter Breite entsteht. Die Kinder versuchen nun, mit geschlossenen Augen und barfuß auf der Kreisbahn zu gehen, zu laufen, zu hüpfen oder auch rückwärts zu gehen, ohne die Bahn zu verlassen.

Spieltipp:

● *Die Bewegungsrichtung und die Größe der Kreise und damit die Ausdehnung der Kreisbahn häufig ändern, aber die Kinder immer zunächst einmal mit geöffneten Augen durchgehen lassen.*

104. Klatschball

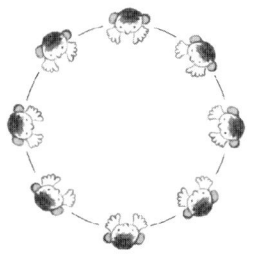

Ruhiges Spiel zur
Sammlung
Innenstirnkreis
Ab 8 Jahre

Dieses Spiel eignet sich für maximal 8 Teilnehmer. Ein Kind in der Kreismitte wirft einem Kind im Kreis den Ball zu, das vor dem Auffangen in die Hände klatschen soll. Als Fehler gilt, den Ball nicht zu fangen, vor dem Fangen nicht zu klatschen oder zu klatschen, wenn der Ball zu einem anderen Kind gespielt wird. Das Kind, das einen Fehler macht, spielt danach in der Kreismitte den Werfer.

105. Plätze tauschen

Der/Die Spielleiter/in verteilt an die im Kreis sitzenden Kinder in beliebiger Reihenfolge Nummern von 1–3. Ein Kind in der Kreismitte versucht, mit verbundenen Augen Mitspieler zu fangen, die durch den Kreis hindurch ihre Plätze wechseln. Dabei laufen immer die Kinder, deren Nummer vorher aufgerufen wurde.

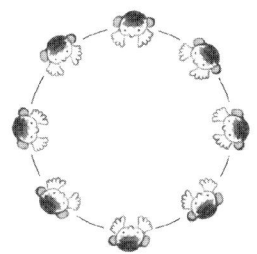

Spieltipp:

- *Erfahrungsgemäß schleichen einige Kinder auf ihre neuen Plätze. Andere wiederum stampfen absichtlich laut auf, um die Aufmerksamkeit des Fängers auf sich zu lenken und die Gefahr, gefangen zu werden, zu erhöhen. Die Kinder sollten diese Möglichkeiten ganz selbstständig erfahren.*

Spiel zur Sinnesschulung
Großer Innenstirnkreis
Ab 5 Jahre

Ganz schön was los

Wahrnehmungsspiele mit Alltagsmaterial

Wetten, dass es kinderleicht ist, durch eine Postkarte zu kriechen? Wolfgang Löscher präsentiert eine Ideenkiste mit originellen Spielen, Tricks und Experimenten, die Kinder herausfordert, und alle Sinne anregt. Der Materialeinsatz beschränkt sich auf das, was der Haushalt hergibt: Zeitungen, Korken, Spiegel, u. Ä. werden zu Spielmaterial umfunktioniert.

ISBN 3-7698-1313-8

Entspannungsspiele für Kinder

Um Kinder zu größerer Ausgeglichenheit und Entspannung zu verhelfen, gibt es viele verschiedene Wege: Materialerfahrung, Bewegung, Wahrnehmung, Atemtechnik und Meditation sind nur einige der Methoden, die Ursula Rücker-Vennemann hier vorstellt. Alle Spiele und Übungen sind leicht verständlich beschrieben und einfach nachzuvollziehen.

ISBN 3-7698-1275-1

Bewegungsspiele für Kinder

Bewegung fördert die motorischen Fähigkeiten, baut Spannungen ab und steigert die körperliche Gesundheit. Darüber hinaus leistet sie bei Kindern einen entscheidenden Beitrag zur geistigen und emotionalen Entwicklung. Mit den über 100 Spielen für zwischendurch und immer-mal-wieder gelingt es ganz leicht, Kinder zum Bewegen zu motivieren.

ISBN 3-7698-1306-5